पूरब के झरोखे

बंद रखने द्वार हों तो
खोल तो दो खिड़कियों को
जिंदगी बाहर तुझे
मिलने कहीं आई न हो।

—साभार

पूरब के झरोखे

[हमारा सांस्कृतिक परिप्रेक्ष्य]

नरोत्तम पांडेय
अंगेश पांडेय

प्रतिभा प्रतिष्ठान, नई दिल्ली

प्रकाशक : प्रतिभा प्रतिष्ठान,
1661 दखनीराय स्ट्रीट, नेताजी सुभाष मार्ग, नई दिल्ली–110002
सर्वाधिकार : सुरक्षित / संस्करण : 2016 / मूल्य : दो सौ पच्चीस रुपए
मुद्रक : नरुला प्रिंटर्स, दिल्ली ISBN 978-93-83111-40-4

POORAB KE JHAROKHE
by Narottam Pandey & Angesh Pandey ₹ 225.00
Published by Pratibha Pratishthan, 1661 Dakhni Rai Street,
Netaji Subhash Marg, New Delhi-110002

संस्कृति के मूर्तिमंत स्वरूप, ज्योतिष और कर्मकांड के
निष्णात विद्वान् परमपूज्य प्रातः स्मरणीय
स्व. पितामह दमरी पांडेय की पुण्य स्मृति में सादर–सविनय
'हमारा सांस्कृतिक परिप्रेक्ष्य'

—नरोत्तम
अंगेश

अपनी बात

'छोटे से आँगन में
माँ ने लगाए हैं,
बिरवे दो तुलसी के;
पिता ने उगाए हैं द्वार पर
बरगद छतनार।
नन्हा गुलाब मैं कहाँ रोप दूँ?
प्रश्न लिए मुट्ठी में
घूमता हूँ
वन-वन, रेती-रेती लाचार।'

1981 ई. में लंदन से अपने बेटे को लिखे एक पत्र में मैंने प्रस्तुत पंक्तियाँ उद्धृत की थीं। उस वर्ष मुझे सोवियत रूस जाने का सुअवसर मिला था। वहाँ से मैं इंग्लैंड चला गया था। उसी क्रम में फ्रांस और जर्मनी की धरती का भी स्पर्श कर भारत लौटा था। 'पूरब के झरोखे' उन्हीं अनुभूतियों का संकलन है। भारत से बाहर निकलने का यह पहला मौका था। पश्चिम का विकास, व्यवस्था और उपलब्धियाँ देख मैं अभिभूत हो गया था।

पानी में रहनेवाली मछली पानी का स्वाद नहीं जानती; कमल की गंध सभी जलचर नहीं पहचानते। अभी तक भारत की संस्कृति की प्राचीनता, अक्षुण्णता एवं गंभीरता (Antiquity, Continuity and Gravity) का मुझे भी पता नहीं था। वर्षों के लंदन प्रवास के बाद भारत से दूर रहकर कुछ-कुछ जान सका, भारत, अथ च पूर्व क्या है। 'पूरब के झरोखे' में उसी वातायन से झाँकने का प्रयत्न है, पर वातायन की सीमाएँ हैं, उससे दिखनेवाले दृश्य

और द्रष्टा की दृष्टि की भी।

'पद्भ्यां भूमिर्दिशः, श्रोत्रात्तथा लोकां अकल्पयन्।' पु.सू., ऋ. वे.

उस विराट् पुरुष के पैरों से धरती तथा कानों से दिशाओं और लोकों की कल्पना की गई।

सामान्यतः उगते हुए सूर्य की ओर मुँह करके खड़ा होने पर सामने पूरब, पीछे पश्चिम, बाएँ हाथ की ओर उत्तर और दाहिने हाथ की ओर दक्षिण हुआ करता है। यों, हर पूरब के पीछे पश्चिम और हर पश्चिम के आगे पूरब होता है। अध्ययन की सुविधा के लिए यूरोपियनों ने निकट पूर्व, मध्य पूर्व, दक्षिण पूर्व, सुदूर पूर्व आदि विभाजन किए हैं। वस्तुतः यह तमाम क्षेत्र एशिया का है। भौगोलिक सीमाओं, प्रशासनिक नियंत्रणों, सांप्रदायिक विभेदों के बावजूद इस पूरे भू-भाग के आचार, विचार और व्यवहारों में अद्‍भुत समानताएँ हैं। 'पूरब के झरोखे' से सामान्यतः भारत को ही झाँका गया है; अन्यत्र का उल्लेख संदर्भ मात्र है।

एशिया की धरती धर्म और संस्कृति के उद्‍भव और विकास के लिए सदा से उर्वर रही है। सभी धर्म मेसोपोटामियन, सीरियन, चाइनीज और वैदिक संस्कृतियाँ यहीं पनपी और फैली हैं। अक्षय यौवना, भारत की मृत्युञ्जयी संस्कृति को ही इस झरोखे से देखने का प्रयास किया गया है। चिंतन प्रवाह और दार्शनिक चिंतन के अंतर्गत वेद-वेदांग, उपनिषद्-पुराण, महाकाव्य, अनात्मवादी और आत्मवादी दर्शनों की झाँकी प्रस्तुत की गई है। लौकिक संस्कृत के प्रतिनिधि कवि के रूप में कालिदास की चर्चा है। मध्य युग की तंत्र साधना, भक्ति आंदोलन, आत्मा, परमात्मा और तीन मूर्ति के स्वरूप का भी आकलन प्रस्तुत किया गया है। 'इक्कीसवीं सदी' पिछली शताब्दियों का पुनरावलोकन है। वस्तुतः यही तो हमारा सांस्कृतिक परिप्रेक्ष्य है, जैसा मैं 'पूरब के झरोखे' से देख पाया हूँ।

'पूरब के झरोखे' में सांस्कृतिक बिंदुओं को छूने का प्रयास किया गया है। समग्रता का दावा बचपना होगा। बिंदु प्रारंभ मात्र हैं, परिचय मात्र हैं। इनमें

गहराई न मिले, पर सामान्य पाठक को संक्षिप्त जानकारी अवश्य मिलेगी।

लेखन के क्रम में जाने-अनजाने जिन सुधी लेखकों और कृतियों का सहयोग और संदर्भ मिला है, उनके प्रति हम श्रद्धानत हैं, आभारी हैं। हमारा धन्यवाद उन लोगों को भी है, जिनका किसी प्रकार का भी सहयोग मिला है।

—नरोत्तम पांडेय
अंगेश पांडेय

लंदन
मकर संक्रांति, 2014

अनुक्रमणिका

1

अक्षय यौवना संस्कृति

गायन्ति देवाः किल गीतकानि
धन्यास्तु ते भारतभूमिभागे।
स्वर्गापवर्गास्पद मार्ग-भूते
भवन्ति भूयः पुरुषाः सुरत्वात्॥

—विष्णु पुराण 2/3/24

भारत में जन्म लेनेवालों के भूरि भाग्य को देवता भी सराहा करते हैं। वे इस स्वर्ग-अपवर्ग तुल्य भूमि में देवत्व को छोड़ मनुष्य रूप में जन्मना चाहते हैं।

कल्पायुषां स्थानजयात्पुनर्भवात्
क्षणायुषां भारतभूजयो वरम्।
क्षणेन मर्त्येन कृतं मनस्विनः
संन्यस्य संयान्त्यभयं पदं हरेः॥

—श्रीमद् भा. 5/19/23

कल्पांत पर्यंत आयुष्य देनेवाले स्वर्गादि की अपेक्षा भारत भूमि में अल्पायु जन्म लेना वरेण्य है। स्वर्गादि भोगों के बाद पुनर्जन्म निश्चित है; पर भारत में मनस्वी पुरुष क्षण मात्र में ही कर्मों को ब्रह्मार्पण कर श्री हरि का अभय पद प्राप्त कर लेते हैं।

किस को नमन करूँ मैं भारत
तुझको या तेरे पयोद को?

—दिनकर

सुंदर सुभूमि भइया भारत के देसवा से
मोरमन बसे हिम खोह रे बटोहिया।
एक ओर घेरे रामा हिम कोतावालवा से
तीन ओर सिंधु लहराई रे बटोहिया॥

× × ×

भारत धरती का नाभि-स्थल है। दिन-रात करीब-करीब बराबर हुआ करते हैं। घर बैठे ऋतुएँ सर्दी, गरमी और समशीतोष्ण परिवेश देकर स्वास्थ्य परिष्कृत कर देती है। होम-धूम, भजन-संगीत से दिशाएँ निनादित रहती हैं। मंदिरों की घंटा-ध्वनि, मसजिदों की आजान, गुरुद्वारे का अखंड पाठ पार्श्व संगीत-सा जीवन को गत्यात्मक बनाते हैं। दुर्लभ है अन्यत्र ऐसा मुखरित समाज और ऐसा सह-अस्तित्व।

हजारों वर्ष पूर्व गंगा-यमुना और सिंधु-सरस्वती के मैदानी भागों में; पंच नद प्रदेश की कल-कल करती नदियों के किनारों पर; कृष्णा, कावेरी, गोदावरी और नर्मदा की घाटियों में भारतीय संस्कृति की रचना हुई थी। इस संस्कृति के रचयिता मूलतः भारत के ही निवासी थे या चलकर बोलगा से गंगा तक पहुँचे थे, विवाद्य है। किंतु यह अविवाद्य है कि 'अगर ईसाइयों और मुसलमानों को छोड़ दें, तब भी इस देश में एक के बाद एक कम-से-कम ग्यारह जातियाँ—नीग्रो, औष्ट्रिक, द्रविण, आर्य, यूनानी, यूची, शक, आभीर, हूण, मंगोल और मुसलमानी आक्रमण के पूर्व आनेवाले तुर्क कई झुंडों में इस देश में आए और यहाँ की संस्कृति में गल-पच एकाकार हो गए। आज की हिंदू संस्कृति इन सब का सम्मिश्रण है। बाहर से आनेवाली जातियाँ स्थायी निवास या शरण-स्थल की खोज में यहाँ आई थीं। यहाँ की धरती और जलवायु उन्हें ऐसी भायी कि फिर यहाँ से जाने का नाम ही नहीं लिया। यहीं के आचार, विचार और व्यवहार अपनाकर रच-बस गईं। धर्म-संस्कृति भी अपना ली। कई शक राजे महान् शिव भक्त हुए हैं। भारत का वर्तमान सांस्कृतिक-समाहार सबकी देन है।

कल-कल करती नदियों के तटों पर, खग-मृग मुखरित वनों में, झरते झरनों और संगीत भरी उपत्त्यकाओं में रची जानेवाली भारतीय संस्कृति अक्षय यौवना और मृत्युंजयी रही है।

सर्वप्रथम, दुनिया के विद्वान् सर्व सम्मत हैं कि भारत की संस्कृति विश्व की प्राचीनतम संस्कृति है। पहले-पहल आदमी भले ही कहीं पैदा हुआ हो, संस्कृति का वैचारिक अभ्युदय जहाँ कहीं भी हुआ हो, भारत की धरती पर ही यह फूली-फली और विकसित हुई।

इस संस्कृति की दूसरी विशेषता है-अक्षुण्णता। जब से इसका श्री गणेश हुआ, यह मिटी नहीं। अन्य कई संस्कृतियाँ उभरीं, पनपीं और काल-स्रोत में विलीन हो गईं। आचारतः किसी भी अच्छी बात का इसने त्याग नहीं किया है। हाँ, समय की गति के साथ जो कुछ भी अच्छा लगा है, अपना लिया। गलतांश अपने आप झड़ते रहे हैं। यह सतत जीवंत संस्कृति रही है, और है। समय-समय पर जीवन और जगत् से अमृत-रस ग्रहण करती रही है।

सहिष्णुता और अनेकांतवादिता इसकी तीसरी विशेषता है। समय के अनंत प्रवाह में इस संस्कृति के अंतर्गत अनेक मतवाद और संप्रदाय चल पड़े। एक ही परिवार में शैव, शाक्त और वैष्णवी पूजा पद्धतियाँ चलती हैं। बौद्ध और हिंदू साथ-साथ चलते हैं। हिंदू परिवार का बड़ा बेटा सिख बना है। सिख, जैन और हिंदुओं में शादी-विवाह होते हैं। धर्मांतरित हिंदू भी अपने कतिपय आचारों को पूर्ववत् ढोते हैं। फलतः एक-दूसरे को बरदाश्त करने की जो क्षमता भारतीय समाज में है, अन्यत्र दुर्लभ है। साथ ही भारतीय समाज अपने ज्ञान या दृष्टिकोण को इदम् इत्थम् नहीं मानता। नाना मतवादों और संप्रदायों से अनेकांतवाद जन्मा है। लोग मानते हैं, मैं जो कहता हूँ ठीक है, मगर दूसरे का कहना भी ठीक हो सकता है। ज्ञान की यही सीमारेखा अंतिम नहीं है। दुनिया इसके आगे भी है। दूसरों के विचारों तथा व्यवहारों के प्रति आदर भाव इस संस्कृति को गरिमा प्रदान करते हैं। यही कारण है कि

इसमें अनूठी समन्वयवादी दृष्टि विकसित हो पाई है।

भारतीय संस्कृति में प्रवृत्ति और निवृत्ति की धाराएँ समानांतर प्रवाहित रही हैं। वैदिक संस्कृति का विकास भारत की धरती पर हुआ है। मूलतः यह प्रवृत्तिवादी रही है; किंतु भोगवादी कदापि नहीं।

वैदिक प्रार्थनाओं में उद्दाम सुख की आकांक्षाएँ व्यक्त की गई हैं। यह जीवन तो सुखी हो ही, अगला जीवन या स्वर्ग भी सुख से परिपूर्ण हो। यज्ञानुष्ठान चिर काल तक स्वर्ग-सुख देनेवाले हों। हमारे पुत्र स्वस्थ और शूरवीर हों, हमारी खेती लहलहाती रहे, हमारे घोड़े स्वस्थ-पुष्ठ हों, हमारे बैल लंबे समय तक बोझ ढो सकें—ऐसी प्रार्थना करनेवाली संस्कृति प्रवृत्ति से भिन्न कैसे हो सकती है? वेदों में ऐसी प्रार्थनाएँ सर्वत्र हैं। फिर भी अपने हिस्से का ही भोग, संयम की मर्यादा में करना है। जो अपना नहीं है, उसके प्रति लुब्ध नहीं होता है—

तेन त्यक्तेन भुञ्जीथा मा गृधः कस्यस्विद् धनम्'

—ईशा.उ. 1

स्वस्थ-पुष्ठ शरीर से सौ वर्षों तक जीने की प्रबल आकांक्षा हमारे शास्त्रों में व्यक्त है—

'पश्येम शरदः शतम्
जीवेम शरदः शतम्
शृणुयाम शरदः शतम्।'

उपनिषदों और आरण्यकों के ब्रह्म, जीव और जगत् के चिंतनों में पिंड और ब्रह्मांड की तुल्य व्याख्याओं में तथा प्रकृति के तत्त्वों के रहस्योद्घाटनों में निवृत्ति मार्ग की स्पष्ट झलक दिखाई देती है। हिंसा प्रधान यज्ञ संस्कृति के विरोध में मौन-मुखर स्वर वेदांत काल में सुनने लगे थे। जैन और बौद्ध धर्मों के अभ्युदयों से विरोध के स्वर अधिक भास्वर हो उठे, बल्कि ये दोनों धर्म यज्ञ संस्कृति के विरोध में ही उठ खड़े हुए थे। इन दोनों ने कृच्छ्र साधना और देह-दंडन पर खूब जोर दिया। मोक्ष साधना

और निर्वाणोपासना के लिए गृह और समाज का त्याग आवश्यक हो गया। लोग धर्म और संघ की शरण में जाने लगे। निवृत्ति प्रधान साधना और समाज को बल मिला। निवृत्ति के मार्ग संस्कृति में अधिक उजागर हुए।

जैन एवं बौद्ध धर्म भारतीय संस्कृति के दो प्रमुख स्तंभ हैं। यहाँ की कला, साहित्य, ज्ञान-विज्ञान और दर्शनों के विकास में इनका भारी योगदान है। जीवन और जगत् की निस्सारता सब ने मानी है। इनके मूल्य चरम और परम नहीं हैं। जीवन का लक्ष्य मोक्ष या निर्वाण है, जो जीवन और जगत् से ऊपर उठने की स्थिति है। पुरुषार्थ चुतष्टय के अंतर्गत मोक्ष ही परम पुरुषार्थ है। अर्थ, धर्म और काम इसके निमित्त मात्र हैं। मोक्ष या निर्वाण साधना हमारी संस्कृति के महत्त्वपूर्ण अंग हैं।

संस्कृति के अंगों के रूप में कर्म फल और पुनर्जन्म विशेष रूप से विचारणीय हैं।

'अवश्यमेव हि भोक्तव्यं कृतं कर्म शुभाशुभम्।'

मनुष्य को अपने किए का फल अवश्य भोगना पड़ता है। कर्म फल का क्षय बिना भोगे नहीं होता। कर्म के अनुसार ही हमारे अगले जन्म का निर्धारण होता है। शुभ कर्मों के द्वारा स्वर्ग लोक की प्राप्ति, उच्च कुल में जन्म, सुंदर स्वास्थ्य और भोगों की प्राप्ति होती है। बुरे कर्म अधः पतन कराते हैं।

कर्म तीन तरह के होते हैं, संचित, क्रियमाण और प्रारब्ध। संचित कर्म बैंक एकाउंट की तरह है। अच्छे-बुरे काम इस एकाउंट में जमा रहते हैं और इसी का भला-बुरा, कुछ हिस्सा हमें प्रारब्ध कर्म के रूप में निश्चित समय में भोगने के लिए मिलता है। बिना भोगे प्रारब्ध का नाश नहीं होता। संचित और प्रारब्ध कर्मों में हम कोई परिवर्तन नहीं कर सकते। केवल क्रियमाण कर्म हमारे नियंत्रण में होते हैं। जैसा चाहें भला-बुरा इसे बना सकते हैं। इसी का बनना-बिगड़ना कर्मों के बैलेन्स शीट में हेर-फेर कर सकता है। क्रियमाण कर्म सद् हों, ताकि आगामी जीवन उन्नत और सुखमय हो सके।

हमारी संस्कृति इसी विचारधारा से ओत-प्रोत है। पुनर्जन्म का सिद्धांत भी इसी से जुड़ा है। कर्मों के अनुसार पुनर्जन्म होता है। मृत्यु के समय जो आत्मा इंद्रिय, मन, बुद्धि, चित्त, अहंकार और समस्त संस्कारों को लेकर निकल गई थी, वह शरीर में पुनः प्रवेश करती है। पूर्व कर्मों के अनुरूप ही शरीर, स्वास्थ्य, घर, वंश और संस्कार प्राप्त होते हैं। अच्छे कर्म हमें क्रमिक उच्चता प्रदान करते हैं। हम उच्च वर्ण, देवत्व और मोक्ष प्राप्त करते हैं। बुरे कर्म हमें शूकर, कुकर, सर्प-पशु या फिर वृक्ष-द्रुम या पर्वत-तृण भी बना सकते हैं।

प्रारंभ में बौद्धों ने पुनर्जन्म को नहीं माना। काल क्रम से बोधि सत्त्व की हजारों जातक कथाएँ गढ़ डालीं।

बड़ों, बुजुर्गों और स्त्रियों के प्रति आदर-भावना हमारी संस्कृति की महत्त्वपूर्ण विशेषता है। तैतरीयोपनिषद् के दीक्षांत उपदेश में बताया गया है—माता को देवता समझो, पिता को देवता समझो, गुरु को देवता समझो, अतिथि को देवता समझो। सबके प्रति समादर दृष्टि अभिप्रेत है। व्यवहारतः भी गुरुजनों से सम्मानपूर्ण व्यवहार ही किया जाता है। श्राद्ध के माध्यम से हम दिवंगत पूर्वजों को स्मरण करते हैं। विवाह और वंशवृद्धि के अवसर पर भी मांगलिक श्राद्ध वांछित है। मनुस्मृति में आया है, 'यत्र नार्यस्तु पूज्यन्ते रमन्ते तत्र देवताः।' जहाँ स्त्रियों का आदर होता है, वहाँ देवता वास करते हैं। स्त्रियों को और बालिकाओं को लक्ष्मी कहा जाता है। उनके प्रति विशेष आदर-दृष्टि अभिप्रेत है।

शुचिता भारतीय संस्कृति का अभिन्न अंग है। कोई भी निर्माण या उत्पादन अत्यंत पवित्रता के साथ तैयार किया जाता है। कृषि उत्पादन जब खलिहानों में तैयार होता है, बड़ी श्रद्धा और पवित्रता से उसमें से देवांश निकाला जाता है। सब्जियों और फलों का प्रथम फल पुरोहितों को दिया जाता है और तो और, घरों में बनाए जानेवाला प्रत्येक दिन का भोजन भी अतिशय शुचिता से बनता है, जो भगवान् को अर्पण किया जाता है, फिर

सभी ग्रहण करते हैं। गीता कहती है, जो केवल अपने लिए बनाकर खा लेता है, वह पाप खाता है। भोजन के समान ही उसके पात्र और स्थान की भी शुचिता वांछित है।

इसलामी सपर्क और शासन ने भी भारतीय समाज और संस्कृति को अप्रभावित नहीं छोड़ा और इस संपर्क से इसलाम में भी ऐसी बातें आ गईं, जो दुनिया के अन्य मुसलमानों के लिए अजूबा लगती हैं। मुसलमानों के ताजिया एवं अन्य उत्सवों में हिंदुओं की साझेदारी एवं सहयोग तथा हिंदू कन्वर्टों का अपने कतिपय पुराने आचारों का नए धर्म में अनुपालन समन्वित संस्कृत की रचना करते हैं। इसलाम के जमाने के शिल्प-कौशल और आचार हमारे महत्त्वपूर्ण आयाम हैं।

पारसियों ने भी भारत की सांस्कृतिक रचना, आर्थिक उन्नयन और आजादी की लड़ाई में अविस्मरणीय योग दिया है। पारसी रंगमंच, खुली जीवन-शैली और आधुनिकता के आग्रह ने आचार जगत् ही बदल दिया है। राष्ट्र की सांस्कृतिक यात्रा में इनका भी सहयोग महान् है।

हमारी संस्कृति अति प्राचीन है, अक्षुण्ण है। प्रवृत्ति और निवृत्ति के निर्बाध प्रवाहों से सेवित है। मोक्ष-निर्वाण-साधना, कर्मफल, पुनर्जन्म, समादर भावना आदि से आप्लावित है। पुराने मूल्य इसकी अंतर्धाराएँ हैं, नए मूल्यों का इसमें नित नया उन्मेष है। यह चिरनवीन है, अक्षय यौवना है।

□

2

वैदिक चिंतन-प्रवाह

'भारतीय आर्यों का ऋग्वेद केवल भारतीय आर्यों का ही नहीं, बल्कि विश्व भर के आर्यों की सब से प्राचीन पुस्तक है।'

× × ×

'वेदों की ऋचाएँ किसी असभ्य या अर्ध सभ्य जाति की रचना नहीं है। उनसे संकेतित सभ्यता अत्यंत पुष्ट और परिमार्जित दिखाई देती है तथा वेदों की शैली साहित्य की सुविकसित शैली मानी जाती है। सोचने की एक बात यह भी है कि वेदों के सूक्त समाचार-पत्रों के स्तंभ नहीं हैं, जिनमें शाम की घटनाएँ सुबह छप जाती हैं। न वे दैनंदिनी के पृष्ठ हैं, जिनमें ऋषि हर रोज की घटनाएँ लिखा करते थे। वेद साहित्य हैं और साहित्य में मुख्यत: ऐसी घटनाएँ ही प्रवेश पाती हैं, जो परंपरा में समा चुकी हों।'

'संस्कृति के चार अध्याय-'दिनकर'-साभार'

वेद मानव जातिं के प्राचीनतम ग्रंथ हैं, विद्वानों की ऐसी मान्यता है। हिंदुओं का यह धर्म ग्रंथ है। आर्यों का मूल निवास जहाँ कहीं भी हो, वेदों की रचना भारत में ही हुई है। ऊषा सूक्त आदि में ऊषाओं का ललित वर्णन उसे उस समय की रचना बताता है, जब धरती की कदंब गति से भारत भूमि ध्रुव के नीचे थी तथा इससे वेदों की प्राचीनता साबित होती है। वैदिक साहित्य एक दिन की रचना नहीं है। हजारों वर्षों के चिंतनों-मंथनों

और मानसिक उद्वेलनों की ये प्रशांत अभिव्यक्तियाँ हैं। मंत्र द्रष्टा ऋषियों ने अपने परिवेश को व अंतर्मन को भली-भाँति निहारा। वे अभिभूत हो उठे। उन्होंने समाधि की अपनी अनुभूतियाँ व्यक्त की हैं। वेदों को लोग अपौरुषेय भी मानते हैं। इसे श्रुति भी कहते हैं, क्योंकि चिरकाल तक बोल-सुनकर इसे सुरक्षित किया गया था। श्रोत्रिय ब्राह्मणों ने तरह तरह से वेदों को कंठस्थ किया था। यही कारण है कि इतना समय बीतने पर भी भाषा में शुद्धता और परिनिष्ठता ज्यों-की-त्यों है।

'एक एव पुरा वेदः प्रणवः सर्ववाङ्मयः' भा. पु. 9/14/48

भागवत के इस श्लोक के अनुसार, सत्ययुग में मात्र प्रणव—ॐकार—ही वेद था। समस्त वेद-शास्त्र उसी में अंतर्भूत थे। पुरूरवा के समय से वेदत्रयी का आविर्भाव हुआ। द्वापर में वेदव्यास ने वेदों का विभाजन किया। वेद चार हैं—ऋक्, यजुः, साम और अथर्व।

ज्ञान अनंत है, अखंड है। इसकी अनुभूति और अनुसंधान कभी शिखर पर था। वेद उन्हीं अनुभूतियों और अनुसंधानों का अक्षय कोश है, ज्ञान राशि का अनंत भंडार है। वेद का अर्थ ही है—ज्ञान, जानना। वेदों में मानव जाति का प्राचीनतम उच्च ज्ञान और अनुभूति संकलित हैं।

वर्ण्य के विचार से वेदों के विषय प्रकार दो हैं—ज्ञानकांड और कर्मकांड। ज्ञानकांड के अंतर्गत संहिताएँ हैं: ऋक्, यजुः, साम, अथर्व। ऋक् का अर्थ पद्य है और लयात्मक मंत्रों को ऋचाएँ कहा गया है।

ऋक् वेद सब से पुराना है; दस मंडलों में विभक्त है। कुल 1028 सूक्त हैं, जो छंदोबद्ध हैं। गायत्री, अनुष्टुप, बृहती आदि प्रमुख छंद हैं। इन संहिताओं में देवों की प्रार्थनाएँ, उपासनाएँ और स्तुतियाँ हैं। यजुर्वेद के दो भाग हैं; शुक्ल यजुर्वेद और कृष्ण यजुर्वेद। ऋक् वेद के बहुत से मंत्र यजुर्वेद में सीधे ले लिए गए हैं। यह पद्यात्मक तथा गद्यात्मक दोनों हैं। यजुर्वेद में मुख्यतः यज्ञ विषयक कर्मकांड है। यज्ञों का विधान, वेदी के प्रकार और कुंड-रचना का विवरण है। सामवेद गेय मंत्रों का संग्रह है।

मात्र 75 मंत्र अपने हैं, शेष ऋक् से उद्धृत हैं। शौनक और पैप्पलाद अथर्ववेद की मुख्य शाखाएँ हैं। इसमें जादू-टोना, वशीकरण, शत्रुनाश, राष्ट्रीय समृद्धि आदि के मंत्र हैं। यह एक भिन्न स्तर की रचना है। काल और संस्कृति के विचार से ऋग्वेद से काफी दूर है। ब्राह्मण ग्रंथों में कर्मकांड के विषयों का प्रतिपादन और विस्तार है। प्रत्येक संहिता के अपने ब्राह्मण ग्रंथ हैं, जिनमें यज्ञों का विधान, समय शुद्धि कुंड रचना, मंत्र और मंत्रों के विनियोग पर विचार किया गया है। वेद, ब्राह्मण और आरण्यकों को मंत्र परक, विधि परक और अर्थ परक बताया गया है।

उपनिषद् ईश्वर, जीव और प्रकृति संबंधी चिंतनों और निरूपणों के ज्ञान भंडार हैं। कर्मकांड का स्पर्श तक इनमें नहीं है। ईश्वर, जीव और प्रकृति के संबंधों और स्वरूपों के सम्यक् ज्ञान से मुक्ति मिलती है और यही शाश्वत आनंद है। उपनिषदों की संख्या 108 बताई गई है। एकादश उपनिषद् अधिक चर्चित हैं।

उपनिषदों को वेदांत भी कहते हैं—वह ज्ञान, जो वैदिक चिंतनों के अंत में निर्णयरूप या जो लौकिक-वैदिक चिंतनों से परे हो। दूसरे अर्थ में उपनिषद् वह ज्ञान है, जो गुरु के पास बैठकर प्राप्त किया जाए। संसार के बंधन काटनेवाले ज्ञान को आचार्य शंकर उपनिषद् मानते हैं। गीता में वस्तुतः वेदांतों का ही समन्वय है।

वेदों और उपनिषदों की वाणियों के यत्किंचित् विभेदों को दूर करने के लिए बादरायण ने वेदांत सूत्र या ब्रह्म सूत्र लिखा। उपनिषद्, ब्रह्म सूत्र और गीता वेदांत दर्शन के प्रस्थानत्रयी हैं। शंकराचार्य से डॉ. सर्वपल्ली राधाकृष्णन् तक समस्त स्थापित चिंतकों ने इस पर टीकाएँ लिखकर अपने विचार व्यक्त किए हैं।

वैदिक आर्य अपने परिवेश का गहन निरीक्षण करते थे। आस-पास में होनेवाली घटनाओं को साश्चर्य निहारते थे व पढ़ते थे। प्रकृति के सौम्य, रौद्र और भयंकर दृश्यों के प्रति उनके आकर्षण भाव थे। वे अपना

अनुभव बाँटते थे, विचार करते थे। वे प्रकृति के तत्त्वों की पूजा करते थे। वैदिक देवता तैंतीस थे। भूमि, अंतरिक्ष और व्योम लोकों के क्रमशः आधिभौतिक, आधिदैविक तथा आध्यात्मिक तीन प्रकार के देवता थे।

भूमि लोक के देवता थे, आठों वसु—पाँचों अधिभूत—धरती, जल इत्यादि; और सूर्य, चंद्रमा तथा नक्षत्रों के प्रतिनिधि स्वरूप ध्रुव। ये अभिव्यक्त थे तथा प्रत्यक्ष थे।

एकादश रुद्र अंतरिक्ष लोक के देवता थे। ये आधिदैविक थे। दस प्राण और मन एकादश रुद्र में आते थे।

द्वादश आदित्य, जिनकी गणना आध्यात्मिक देवताओं में थी, आकाश के देवता थे। मानव-मानव तथा प्रकृति और मानव के संबंधों के सार्वभौम व सर्वोच्च नियामक थे। इंद्र और प्रजापति की गणना भी इन्हीं के साथ थी। इस तरह से कुल तैंतीस देवता थे। हजारों वर्ष पूर्व चिंतन के शैशव काल में वैदिक मंत्र द्रष्टाओं की चिंतन धारा कितनी ऊँचाई पर थी, यह देख अचरज होता है। उन ऋषियों ने अग्नि, वायु, सूर्य, चंद्र और इंद्र आदि सबका मूर्तीकरण किया। सबको दिव्य और महान् बताया, किंतु सबमें उनका एकात्म भाव था, सबमें कोई एक सत्ता प्रत्यक्ष या परोक्ष रूप में व्याप्त थी, जो सबको आलोकित और अभिव्यंजित कर रही थी। इसी भावना ने उपनिषदों में ब्रह्म का स्पष्ट रूप ले लिया, मंत्र युग में तो यह एकमात्र सत् के रूप में व्यक्त है :

एकं सद् विप्रा बहुधा वदन्ति। ऋ. 1/164/46

ऋक् वेद का नासदीय सूक्त विश्व में दर्शन-चिंतन की शुरुआत है; किंतु यह प्रगल्भ दर्शन का स्पष्ट रूप भी है। ऋषियों ने प्रकृति को, अपने परिवेश को अचरज के साथ निहारा है। ब्रह्म का रूप उनके चिंतन में खुलकर नहीं उभरा है, फिर भी माना है—

जब सत् नहीं था, असत् भी नहीं था
अद्वैत के अंधकार से दुनिया ढकी थी

दिन भी नहीं था, रात भी नहीं थी।
तब भी वह था, स्वसित था।
यह सृष्टि कैसे हुई? कहाँ से हुई?
वही जानते हैं।
हो सकता है, वह भी न जानते हों।

ऋषियों का कोई स्पष्ट मत नहीं है, पर वे किसी अज्ञात सार्वभौम सत्ता से सभी अभिभूत हैं। सबका नियंत्रण और संचालन करनेवाला कोई है। यह मानव चिंतन का प्रारंभिक प्रश्न है और आज तक अनुत्तरित है। आदमी ने भी इसे छोड़ा नहीं है, अभी भी इसी से जूझ रहा है। समस्त भावी चिंतनों का मूल नासदीय सूक्त में है।

दसवें मंडल में ही चिंतन और प्रगाढ़ दिखता है, जब वैदिक ऋषि उद्घोष कर उठता है कि हम अंधकार के उस पार रहनेवाले उस आदित्य वर्ण-चमकीले पुरुष को जान गए, जिसको बिना जाने संसार सागर को पार नहीं किया जा सकता—

वेदाहमेतं पुरुषं महान्तमादित्यवर्णन्तमसः परस्तात्।
तमेव विदित्वाति मृत्युमेति नान्यः पन्था विद्यतेऽयनाय। शु.म.स. 31/18

गौरव की बात है, जब दुनिया उदरपूर्ति और संभरण से जूझ रही थी, वैदिक ऋषि आत्म-मंथन और आंतरिक उपलब्धियों का उद्घाटन कर रहे थे। अपनी अनुभूति बाँट रहे थे।

वेदों के अलावा चार उपवेद भी हैं—आयुर्वेद, गांधर्ववेद, धुनर्वेद और अथर्ववेद। आयुर्वेद भारत का प्राचीन चिकित्सा-शास्त्र है। चरक संहिता का समय ई. पू. दूसरी शताब्दी है। गांधर्ववेद के बीज सामवेद में पाए जाते हैं।

वेदांग

यज्ञों में होनेवाले वेदों के पठन और गायन में आनेवाली अशुद्धियों एवं विकृतियों के निराकरण और एकरूपता को बनाए रखने के लिए

वेदांगों का निर्माण हुआ। वेदांग छह हैं—शिक्षा, छंद, निरुक्त, व्याकरण, ज्योतिष और कल्प सूत्र।

शिक्षा से वैदिक उच्चारण का नियंत्रण होता है, छंद गायन का शासन करते हैं, निरुक्त से शब्दों की व्युत्पत्ति की जाती है। व्याकरण भाषा शास्त्र है। वैदिक व्याकरण प्रातिशाख्य कहलाते हैं। ज्योतिष से समय शुद्धि और भौतिकी का ज्ञान होता है। कर्मकांडों के नियमन और ब्राह्मण ग्रंथों की व्याख्या के लिए कल्प सूत्रों का विकास हुआ। कल्प सूत्रों के चार प्रकार हैं—

1. श्रौत सूत्र
2. गृह्य सूत्र
3. धर्म सूत्र और
4. शुल्व सूत्र।

शुल्व सूत्र यज्ञों की वेदी रचना से संबधित है। श्रौत सूत्र श्रुति के बारे में बताते हैं, गृह्य सूत्र और धर्म सूत्र गृहस्थों के आचार-विचार, संस्कार और धार्मिक व्यवहार सूत्र रूप में स्पष्ट करते हैं। आपस्तंब, बोधायन, आश्वलायन, सत्याषाढ़ हिरण्यकेशी आदि सूत्र ग्रंथों के प्रमुख प्रणेता हैं।

पुराण

निगम और आगम आज के हिंदुत्व की दो आँखें हैं। निगम वेदों के सुनिश्चित विधान हैं; आगम प्राग्वैदिक धार्मिक परंपराओं के समवाय हैं। आज का हिंदुत्व 'नाना पुराण निगमागम श्रुति सम्मत है। पुराण नाम ही बताता है, ये किसी भी अर्थ में वेदों से कम पुराने नहीं लगते। ब्राह्मण ग्रंथों में यज्ञानुष्ठान के समय इन्हें पढ़ने की व्यवस्था है। वेदों में किन्हीं देवताओं का नामोल्लेख मात्र है, पुराणों में उनके लंबे-लंबे आख्यान हैं। पुराणों के विशेष लक्षण बताए गए हैं—

सर्गश्च प्रतिसर्गश्च वंशो मन्वन्तराणि च।
वंशानुचरितं चैव पुराणं पञ्चलक्षणम्॥

इस लक्षण के अनुसार, पुराणों में सृष्टि, संहार, मन्वंतरों का वर्णन और राजवंशों के उत्तम चरितों का अनुकीर्तन होना चाहिए। कई पुराणों में ज्योतिष, व्याकरण, अलंकार, शरीर-विज्ञान तथा दंड-विधान भी पाए जाते हैं। पुराण कथाओं के भंडार तो हैं ही।

पुराणों की संख्या अठारह बताई गई है। इनके प्रणेता वेद व्यास हैं। ऐसे हर कथावाचक को व्यास ही कहा जाता है। लगता है, पौराणिक आख्यानों में सदा से परिवर्तन और परिवर्द्धन होते रहे हैं। यह भी संभव है कि ये आख्यान लंबे समय तक लोक कंठ में सुरक्षित थे, परिवर्तन का यह भी कारण हो। दूसरी शती से आठवीं-नौवीं शती तक का समय इन्हें लिपिबद्ध होने का समय माना जाता है। विष्णु पुराण, गरुड़ पुराण, भागवत महापुराण आदि विष्णु से संबंधित हैं, जबकि शिव महापुराण, लिंग पुराण, स्कंद पुराण आदि शिव महिमा का बखान करते हैं। देवी भागवत, कालिका पुराण आदि देवी माहात्म्य का वर्णन करते हैं।

मोहनजोदड़ो और हड़प्पा की खुदाइयों में शिवलिंग का मिलना और सिंधु घाटी सभ्यता को वैदिक युग से पुराना माना जाना, पुराणों की प्राचीनता साबित करता है। हाँ, समय-समय से नए पुराण भी गढ़े जाते रहे हैं। जो पुराण जिस देवता को लेकर चलते हैं, उन्हें ही सर्वस्व मानकर उनका वर्णन-अनुकीर्तन करते हैं।

पुराणों की प्राचीनता इससे भी साबित होती है कि वैदिकों ने इसे अपना निर्माण नहीं माना और न ही जमकर इसकी रखवाली ही की, जैसी वेदों की रखवाली की। वेदों का पढ़ना-सुनना स्त्रियों और शूद्रों के लिए मना था। उन्हें मोक्ष साधना का भी अधिकार नहीं था। पुराणों के पढ़ने-सुनने या भक्ति साधना में किसी तरह का निषेध नहीं था। स्त्री, शूद्र सभी इसे पढ़-सुन सकते थे। भक्ति आम आदमी की साध्य बनी; पौराणिक आख्यान सबके गलहार बन गए। मध्य युग में भक्ति की जो अविरल भावधारा फूट निकली, निश्चित रूप से पुराणों में उसकी आधार भीत्ति थी।

पौराणिक आख्यान चिरकाल तक जनता की जबान में घिसते रहे हैं, उनकी भाषा बदलती रही है, जब लिपिबद्ध हुए, तत्कालीन संस्कृत का जामा पहनाया गया। इनकी भाषा सुबोध और आलंकारिक है। अतिशयोक्ति का प्रयोग अतिरेक में बदल गया है तथा विरोधाभासों का अंबार बन गया है। एक ही पुराण मनुष्य की अधिकतम आयु एक सौ इक्कीस वर्ष बताता है, वहीं किसी राजा का शासन साठ हजार वर्ष बताता है। वर्णनात्मक शैली कहीं-कहीं अविश्वसनीय हो जाती है, किंतु आम जनता के लिए आध्यात्मिक घेरे का विस्तार करनेवाले पुराणों और इनके आख्यानों को आसानी से खारिज नहीं किया जा सकता। आवश्यकता है, इनके गहन अनुसंधान और विश्लेषण की।

पौराणिक देवता भी तीन तरह के हैं। एक वे, जो वैदिक देव या प्रकृति की भिन्न-भिन्न शक्तियाँ हैं और जिन्हें वेदों से सीधे ग्रहण कर लिया गया है, जैसे— अग्नि, वरुण, वायु तथा इंद्र आदि। दूसरे वे, जो प्राग्वैदिक काल से चले आ रहे हैं और पहले से अधिक समादृत हो गए हैं, जैसे—शिव, उमा आदि। तीसरे तरह के वे देवता हैं, जो विभिन्न संस्कृतियों और जातियों के मिश्रण से स्वीकृत हो गए हैं और दिन-दिन अधिक समादृत हो गए हैं, जैसे—राधा-कृष्ण, हनुमान, भैरव।

सृष्टि के क्रम और देवासुर संग्राम के संदर्भ में पौराणिक आख्यान भी अत्यंत महत्त्वपूर्ण है। अदिति के पुत्र आदित्य और दिति के पुत्र दैत्य तथा मरुद् गण सौतेले भाई थे। इनके पिता कश्यप ऋषि ब्रह्मा के मानस पुत्र मरीचि के बेटे थे। देव और दैत्यों ने मिलकर सागर निधि पाने के लिए क्षीर समुद्र का मंथन किया था। मोहिनी रूपधारी विष्णु द्वारा अमृत वितरण में छले जाने पर देवताओं और असुरों के बीच देवासुर संग्राम हुआ था। भूतपूर्व सोवियत रूस के दक्षिण और ईरान के उत्तर में कैस्पियन सागर-कश्यप सागर है। निश्चित रूप से कश्यप ऋषि के नाम पर ही इसे कैस्पियन कहा जाता है। यही क्षीर सागर था। इसी का मंथन हुआ था। इसी के आस-पास फैला

हुआ क्षेत्र देवासुर संग्राम की युद्ध भूमि था। ईरान से सप्त सिंधु तक की भूमि प्रबुद्ध आदिमानवों की, आर्यों की सांस्कृतिक क्रीड़ा-भूमि रही है। उन दिनों दो देशों के बीच न विभाजन रेखा थी, न कोई अलग भूगोल या नामकरण ही। पासपोर्ट और वीजा की तो कोई कल्पना ही नहीं थी।

महाकाव्य-रामायण

रामायण और महाभारत दो महाकाव्य भारतीय जीवन-वृत्त की परिधि हैं। जीवन की हर धड़कन, हर श्वास-प्रश्वास, प्रत्येक, हर्ष-अवसाद, सद्-असद् इनमें पाया जा सकता है। महाकाव्यों की गणना पुराणेतिहास में की जाती है। महाभारत को पंचम वेद भी माना गया। 'यन्न न भारते तन्न भारते।'

रामायण आदि कवि वाल्मीकि की रचना है। आदि कवि द्वारा परिनिष्ठित रसात्मक काव्य रूप पाने के पूर्व वर्षों तक राम कथा लोक कंठों में अक्षुण्ण रही है। लोक और जीवन को ओज और प्रेरणा से भरती रही है। यह एक चरित काव्य है, जिसके राम समस्त मानवीय संवेदनाओं से युक्त धीरोदात्त, आदर्श नायक हैं। जहाँ-तहाँ उनमें देवांश अवश्य झलकता है, पर अवतार का कलेवर और ईश्वरता की गुरुता नहीं है।

रामायण की कथावस्तु विभिन्न संस्कृतियों के संघर्षण और सम्मिश्रण से संबद्ध है। उस समय यक्ष-रक्ष, वानर-ऋक्ष और आर्य संस्कृतियों में अस्तित्व की प्रतियोगिता चल रही थी। यक्षों-तेज चलनेवालों की संस्कृति के प्रतिनिधि कुबेर थे। ये भी वैश्रवण ऋषि के पुत्र और रावण के सौतेले भाई थे। वैश्रवण ऋषि ने इन्हें धनाध्यक्ष और दिग्पाल तो बनवा दिया, किंतु रावण के दुराचार से इन्हें नहीं बचा सके। रावण ने लंका, जो राजधानी थी, से कुबेर को निकाल भगाया, उनका पुष्पक विमान छीन लिया। रावण रक्ष संस्कृति का संरक्षक और संवर्द्धक था।

राक्षस-रक्षते हविर्यस्मात्—जिनसे यज्ञाहुतियों की रक्षा की जाए, यज्ञ संस्कृति के विरोधी थे। यज्ञाग्नि में रक्त, मांस और अन्य अपवित्र वस्तुओं

की वर्षा करते थे, यज्ञों में विघ्न डालते थे। दंडकारण्य से गंगा तट तक इनका विस्तार था। महर्षि विश्वामित्र यज्ञ की रक्षा करने के लिए अयोध्या के राजकुमार राम-लक्ष्मण को माँग लाए थे। आर्यों और राक्षसों के संघर्ष का यही बीज वपन था। सीता हरण, रावण का सपरिवार वध और राक्षसों का नाश, उस संघर्ष की चरम परिणीति थी। यह आर्य संस्कृति की विजय थी।

वानर और भालू विरूप भले रहे हों, उनकी संस्कृति भिन्न रही हो, उनकी रूपाकृति किसी देशकाल के अनुरूप भले रही हो, उनकी जाति मानव से भिन्न कदापि नहीं रही होगी। तारा और रूमा अपने युग की अनिंद्य सुंदरी रही हैं। तारा की गिनती पंच कन्याओं में होती है। कृष्ण पत्नी जामवंती के रूप-सौंदर्य का क्या कहना? वह ऋक्षराज जामवंत की पुत्री थी। वानर राज बाली ने लंबे समय तक रावण को अपनी काँख में दबाया था। अंगद, सुग्रीव, केसरी, हनुमान, नल, नील, जामवंत आदि वानर-भालू योद्धाओं ने राम-रावण युद्ध में राम का साथ दिया था, अपनी संस्कृति बचाई थी।

रामायण की कथा इन संस्कृतियों का मात्र स्पर्श नहीं करती, इनका एकीकरण करती है, आर्य ध्वज ऊँचा उठाती है। संपूर्ण भारत को उत्तर से दक्षिण तक जोड़ती है, सारे भारत को एक सूत्र में बाँधती है।

रामायण में श्रेष्ठ काव्य की अभिव्यक्ति हुई है। मानवीय संवेगों, संबंधों की तीव्रता, राज प्रासादों की कलह, धर्म और कर्तव्यों का आदर्श भी अभिव्यंजित है। आदि कवि ने राम कथा की जो भावधारा बहाई, कोई भी भारतीय भाषा इससे वंचित न रही। भक्ति आंदोलन और राम भक्ति के विकास से तमिल में कंबन, बंगला में कृतिवास, मराठी में एकनाथ, गुजराती में गिरधर दास, .कश्मीरी में दिवाकर प्रकाण भट्ट, नेपाली में भानुभट्ट आदि के राम-विषयक काव्य लोकप्रिय हुए। हिंदी में तुलसीदास का 'रामचरित मानस' धर्मग्रंथ के रूप में विश्व में पूज्य है।

'दशरथ जातकम्' के नाम से बौद्ध राम काव्य और पउम चरिउ के नाम से जैन चरित काव्यों की सृष्टि हुई। बौद्ध जातक कथाओं के माध्यम से तीसरी और पाँचवीं शती में राम कथा चीन पहुँच गई थी। तिब्बती रामायण तथा तुर्की में खातानी रामायण भी मिले हैं।

महाभारत

महाभारत के प्रणेता वेदव्यास हैं। इस विशद ग्रंथ में भरत वंशियों—कौरवों-पांडवों के अंतःकलह और महायुद्ध का वर्णन है। साथ ही अनेक कथाओं—अंतःकथाओं को न्यस्तकर व्यासजी ने धर्म का मर्म खोलकर रख दिया है। स्त्रियों और शूद्रों का धर्माचरण महाभारत से सर्व सुलभ हो गया है। ई. पू. तीसरी-चौथी शताब्दी तक महाभारत की कथावस्तु में भयंकर परिवर्तन, परिवर्द्धन और प्रक्षेपण होते रहे हैं।

सर्वप्रथम, महाभारत के 'भारत' का विचार करें। यदि भारत से संपूर्ण देश, जैसा अर्थ आजकल लिया जा रहा है, लें तो कौन सा भू-भाग भारत रहा है? अटक से कटक, आसेतु हिमालय छोटे-छोटे राज्यों में बँटा था। सभी राजे अपने छोटे राष्ट्र ध्वज के तले युद्ध कर रहे थे, चाहे वे मद्र देश के शल्य हों, सिंधु देश के जयद्रथ, गंधार के शकुनी, मगध के सहदेव, काशि के काशिराज या प्राग्ज्योतिष पुर के भगदंत। सबके अपने राज्य थे, अपनी राज मुद्रा।

भारत यदि भरत, जो एक प्रतापी व चक्रवर्ती सम्राट् थे, का देश है तो उसकी सीमारेखा क्या थी? उसका विस्तार कहाँ तक था? दिग्विजयी राजा भी कर और उपहार लेकर विजीत नरेश को मुक्त कर देता था, उसके राज्य का नाम नहीं मिटा देता था। महाराज भरत हस्तिनापुर के सम्राट् थे। मात्र हस्तिनापुर ही भारत नहीं हो सकता। उनके दिग्विजय और राज्य विस्तार का कुछ भी विवरण उपलब्ध नहीं है। हस्तिनापुर भी महाराज भरत की कई पीढ़ियों बाद महाराज हस्ति द्वारा बसाया गया।

महाभारत में प्रयुक्त भारत निश्चित ही भरत वंशियों के लिए आया

है। महाभारत या अन्य पुराणों में पांडव और कौरव वीरों का 'भरतवर्ष या भारत' कहा गया है। यह विराट् संग्राम भी मात्र भरत वंशियों की जय-विजय का आख्यान है।

द्वापर के अंत तक आर्यों के आदर्शों और जीवन मूल्यों में भारी परिवर्तन हुए थे; आयाम और मान बदल चुके थे। हिंसा प्रधान यज्ञ-संस्कृति का मौन-मुखर विरोध शुरू था, स्वर्ग-प्राप्ति और सुखभोग हेतु यज्ञ कर्म अब 'पुष्पितां वाचं' हो गए थे। उनमें आस्था सिहर चुकी थी। 'जाहि राज प्रिय प्रजा दुःखारी' अब राज धर्म नहीं था। मथुरा में कंस, काशी में पौंड्र, मगध में जरासंध, चेदि देश में शिशुपाल का राज था। सारा देश सद्-असद् दो शिविरों में बँट गया था। सद् के प्रतिनिधि कृष्ण व पांडव थे। असद् का नेतृत्व कंस कर रहे थे। हस्तिनापुर की स्थिति डाँवाँडोल थी। अंधा राजा अपने बेटे की आँखों से देख रहा था, बूढ़ा संरक्षक सबकुछ जानकर भी अनजान बना था, विदुर लाचार थे। सुनयना माता गांधारी ने आँखों पर पट्टी बाँध ली थी।

महाभारत की लड़ाई किसी एक व्यक्ति, वर्ग या समुदाय के मानापमान, प्रतिशोध या हिस्सेदारी की लड़ाई नहीं थी। यह कई कारणों के उत्कर्ष का परिणाम था। पांडवों और कौरवों के ईर्ष्या-द्वेष, छल-कपट का सर्प और नेवले का शाश्वत विरोध द्रौपदी का अपमान तो था ही, भीष्म से अपने अपमान का प्रतिशोध लेने की काशिराज की कन्या अंबा की दुर्दमित भावना, पांचाल नरेश द्रुपद और आचार्य द्रोण का अविस्मरणीय वैर, शकुनि के अंतर्घात भी महाभारत के कारण थे।

महाभारत युद्ध के लिए नियम तो बहुत बनाए गए, मगर उनका अनुपालन बहुत कम हुआ। अभिमन्यु-वध, सोए हुए पाँच पांडव पुत्रों की हत्या या भीष्म, द्रोण, दुर्योधन, कर्ण के मारे जाने के लिए हर तरह के छल-छंद पढ़े गए।

रामायण में दो सौतेले भाइयों ने राज पद को तुच्छ कंदुक की तरह

उछाला है। महाभारत में दो चचेरे भाइयों ने राज पद पाने के लिए न केवल भरत वंश का, बल्कि पूरे भारत के ज्ञान-विज्ञान, शौर्य-वीर्य का संहार कर दिया। अकेले भीम प्राय: सभी सौ कौरवों को मारा; दु:शासन का रक्तपान किया। द्रौपदी ने दु:शासन के रक्त से अपने केश-पाश सँवारे। इतनी नृशंस क्रूर घटना शायद ही इतिहास में कहीं और हुई हो।

शिल्पी मय ने इंद्रप्रस्थ में पांडवों का राजप्रासाद बनाया था। प्रासाद में जहाँ जल था, थल जैसा था, थल-जल जैसा। दुर्योधन भ्रम से उसी पानी में गिर पड़े। कहा जाता है, उन्हें देखकर द्रौपदी ने कहा, अंधा का बेटा अंधा होता है। यह घटना पूर्णत: प्रक्षिप्त लगती है।

दुर्योधन राजसूय यज्ञ में द्रौपदी के अतिथि थे। आज से पहले द्रौपदी का दुर्योधन से न कोई ज्यादा संपर्क रहा था, न कोई दुर्भावना। फिर घर आए मेहमान को 'अंधा' कहकर द्रौपदी अपमान करेगी, यह बुद्धि संगत नहीं लगता, न कुल-वधू का उचित आचरण ही।

ठीक यही बात चीर-हरण के संबंध में है। भला, भरी सभा में चीर-हरण किया जाएगा। कृष्ण द्रौपदी की लाज बचाएँगे और किसी को पता नहीं चलेगा? भक्तों की अंध श्रद्धा ने इस घटना को और रंग दे दिया।

कुछ भी हो, महाभारत में हर व्यक्ति को अपनी तसवीर दिखती है। हर घर के हर्ष-विषाद और कलह प्रसंग दिखाई पड़ते हैं। घर-घर की कहानी है। अत: ज्यादा ग्राह्य है।

श्रीमद्भगवद् गीता

महाभारत के समस्त ईर्ष्या-द्वेष, छल-कपट, नर-संहार और आर्त-क्रंदन के बीच श्रीमद्भागवद् गीता एक आम्र निकुंज है, जिसकी स्निग्ध-शीतल छाया में मन को तनिक विश्राम मिलता है, शांति मिलती है। श्रीमद्भागवद् गीता कोई स्वतंत्र पुस्तक नहीं है। महाभारत के भीष्म-पर्व के पच्चीस से बयालिसवें अध्यायों का संग्रह मात्र है, किंतु अपनी अद्भुत

लोकप्रियता के कारण स्वतंत्र पहचान बना चुकी है।

व्यास देव ने संजय को संपूर्ण युद्ध देखने की दिव्य-दृष्टि दी थी। युद्धारंभ के बारे में अंधे राजा धृतराष्ट्र ने संजय से पूछा था, 'युद्ध की लालसा से पुण्यभूमि कुरुक्षेत्र में जुटकर मेरे और पांडु के पुत्रों ने क्या किया।' उत्तर में संजय ने सारी गीता ही सुना दी थी। सामान्य धारणा यह है कि इधर युद्ध शुरू हुआ, उधर संजय ने कहना शुरू किया। पर बात यह नहीं है। मार्गशीर्ष की अमावस्या को भारत युद्ध प्रारंभ हुआ। दस दिनों तक संजय युद्ध क्षेत्र में थे। दसवें दिन बाण-बिद्ध भीष्म के गिर जाने पर वे हस्तिनापुर लौटे थे। अगले दिन धृतराष्ट्र को सारा वृत्तांत सुनाया था। अतः मार्गशीर्ष एकादशी को गीता जयंती होती है। उसी दिन धृतराष्ट्र के प्रश्न का उत्तर संजय ने दिया था और यही गीता का शुभारंभ था।

कौरवों से प्रतिशोध लेने के लिए अर्जुन बड़वानल-सा धधक रहे थे। युद्ध- भूमि में एक-दूसरे के खून के प्यासे और मर-मिटने के लिए उद्यत सगे-संबंधियों को देखकर मोह ने उन्हें घेर लिया। अपने लोगों को मारने की अपेक्षा भीख माँगना उन्हें सुखकर लगा। युद्ध के परिणामों से वे काँप उठे। धनुष फेंक युद्ध न करने की ठान ली। श्रीकृष्ण ने उन्हें बताया, 'न्यायार्थ युद्ध धर्म विरोध नहीं है।' युद्ध क्षत्रियों का धर्म है, जीतने पर राज भोग प्राप्त होता है, मरने पर स्वर्ग। उन्होंने शरीर, आत्मा और मन का भेद स्पष्ट किया। आत्मा को अनश्वर, अजर, अमर बताया। नाश तो शरीर का होता है और मन मनुष्यों के मोक्ष-बंधन का कारण है। मन को कभी निरंकुश नहीं छोड़ना चाहिए।

गीता की सबसे बड़ी विशेषता है—ज्ञान, भक्ति और कर्म का समन्वय। तीनों मोक्ष के मार्ग हैं; तीनों अलग-अलग हैं, तीनों का लक्ष्य एक ही है। परम तत्त्व को जानना ज्ञान है। पत्रं, पुष्पं, फलं, तोयं का समर्पण और सर्वतोभावेन उसकी सेवा भक्ति है। और कर्म? कर्म ही यज्ञ है। अपने

दायित्वों का धर्मपूर्वक निर्वाह ही कर्म यज्ञ है। जीवन में एक क्षण भी बिना कर्म के आदमी नहीं रह सकता। कर्म, अकर्म, विकर्म—तीन तरह के कर्म बताए गए हैं। फल की आशा छोड़ कर्म करने चाहिए। कर्म करते समय प्रति क्षण हरि-स्मरण रखना चाहिए। ऐसा करने से कर्म बंधन-उत्पादक नहीं होते, अन्यथा कर्म ही बंधन में डालते हैं। व्यक्ति को अपने सारे कर्म भगवान् को समर्पण करने से व्यक्ति को पाप नहीं लगते। भगवान् ने अर्जुन को बताया, क्षात्र धर्म का पालन करने से उसे पाप नहीं लगेगा।

गीता के अठारह अध्यायों में 6 आत्मा से संबंधित हैं। बताते हैं कि आत्मा क्या है, कैसे इसे पाया जा सकता है—समझा जा सकता है। 6 अध्याय परमात्मा और उनकी विभूतियों का वर्णन करते हैं, प्रदर्शन करते हैं और आखिरी 6 अध्याय परमात्मा प्राप्ति का मार्ग स्पष्ट करते हैं।

उपनिषदों की रचना महाभारत के पहले हो चुकी थी। गीता को उपनिषद् कहा गया है। पहले के सभी उपनिषदों का गीता में समन्वय हुआ है, सार है। सभी उपनिषदों को 'गाय' कहा गया है, गीता के उपदेश-अमृत उनका दूध हैं—

सर्वोपनिषदो गावो दोग्धा गोपालनंदनः।
पार्थो वत्सः सुधीर्भोक्ता दुग्धं गीतामृतं महत्॥

गीता के उपदेश सुन कृपयाविष्ट अश्रुपूर्ण आकुल अर्जुन को कहना पड़ा—

नष्टो मोहः स्मृतिर्लब्धा त्वत्प्रसादान्मयाच्युत।
स्थितोऽस्मि गतसन्देहः करिष्ये वचनं तव॥ श्री.भ.गी. 18 : 73

हे केशव! आपकी कृपा से मेरा मोह खत्म हो गया, मुझे स्मृति मिल गई, अब मेरे सारे संशय दूर हो गए हैं। जैसा आप कहते हैं, वैसा ही मैं करूँगा।

जब गीता पश्चिमी देशों में पहुँची, विद्वान् पढ़कर अभिभूत हो गए; चमत्कृत हो उठे। जीवन में शांति और मरने पर मुक्ति देनेवाली यह अद्‌भुत पुस्तक है।

वेदांत सूत्र या ब्रह्मसूत्र

'अथातो ब्रह्मजिज्ञासा'—आओ, ब्रह्म का निरूपण करें—'जिज्ञासा करें' इस सूत्र वाक्य से बादरायण ने वेदांत सूत्र का शुभारंभ किया। वेदांत सूत्र को 'ब्रह्म सूत्र' भी कहते हैं। बादरायण, जिन्हें वेदव्यास भी कहते हैं, वेदांत के प्रबल समर्थक हैं। वेदों के अंत में रचे जाने के कारण उपनिषदों को ही 'वेदांत' भी कहा गया है। उपनिषदों में मुख्यत: ब्रह्म निरूपण और ब्रह्म साक्षात् की चर्चा की गई है। अनेक उपनिषदों में बहु प्रकार से आए वेद वाक्यों में वर्ण्य-साम्य होते हुए भी वाक्यों में विविधता और विभिन्नता है। इनमें एकरूपता लाने के लिए और ब्रह्म के प्रति मतैक्य स्थापित करने के लिए वेदांत सूत्र का प्रणयन हुआ है; मतांतरों का खुलकर विवेचन हुआ है। उपनिषद्, गीता और ब्रह्मसूत्र वेदांत दर्शन के सर्वाधिक समादृत ग्रंथ हैं। इन्हें 'प्रस्थानत्रयी' कहा जाता है। शंकर से मध्व और रामानुज होते हुए डॉ. सर्वपल्ली राधाकृष्णन् तक भारतीय-दर्शन के विद्वानों के लिए प्रस्थानत्रयी पर टीका लिखना एक परंपरा बन गई है।

ब्रह्म सूत्र में चार अध्याय हैं, प्रत्येक अध्याय के चार-चार पाद हैं। ब्रह्म का निरूपण-प्रतिपादन, विसंगतियों का निराकरण ही इस ग्रंथ का लक्ष्य है। जीवात्मा के देहांतरण और यातना भोग का भी वर्णन है; स्वप्न-सुषुप्ति काल में जीवात्मा और परमात्मा की स्थिति और संबंध चर्चित हैं। ब्रह्म चिंतन, उपासना और ब्रह्म साक्षात्कार के उपाय बताए गए हैं।

ब्रह्मसूत्र ब्रह्म विद्या का अद्‌भुत ग्रंथ है।

स्मृति

स्मृतियाँ आचरण की संहिताएँ हैं। धर्माचरण और नैतिक व्यवहार का ये नियमन करती हैं। संस्कार विधियों और संस्कार करनेवाले व्यक्तियों का निरूपण-निर्धारण करती हैं। दत्तक व्यवस्था और उत्तराधिकार का भी स्मृतियों से ही पता चलता है। इनका विषय गृह्य सूत्रों से मिलता है। समाज में जटिलताओं के बढ़ने से नियम बनाने और उन्हे लागू करने की

आवश्यकताएँ पड़ीं। कई स्मृतियाँ बड़े-बड़े नामों से जुड़ी हैं। पर ऐसा नहीं लगता कि उन लोगों ने इन स्मृतियों की रचना की होगी; बल्कि कालांतर में किसी कुशल व्यक्ति ने उन नामों का उपयोग किया है।

मनु-स्मृति, विष्णु-स्मृति, पराशर-स्मृति, बृहस्पति-स्मृति तथा याज्ञवल्क्य- स्मृति आदि प्रमुख स्मृतियाँ हैं। बहुत सी स्मृतियाँ अनुपलब्ध हैं। स्मृतियों से अनुशासित लोग स्मार्त कहलाते हैं।

□

3

दार्शनिक चिंतन

(क) वेद बाह्य दर्शन (अनात्मवादी)

चार्वाक दर्शन

यज्ञ और कर्मकांड के प्रति एक वर्ग को सदा से वितृष्णा, विरोध और अनास्था रही है। ये शुद्ध भौतिकवादी थे। आँखों और इंद्रियों से अनुभूत मात्र ही इनका वस्तु सत्य था। अदृष्ट के प्रति इनकी कोई सोचावट नहीं थी। शरीर को ही ये आत्मा मानते थे। ये चार्वाक थे।

चार्वाक को बृहस्पति का शिष्य भी बताया गया है। चार्वाक से मिठबोलिया-मधुरभाषी अर्थ भी लिया गया है। इन्हें 'लोकायत' भी कहा गया है। वाल्मीकीय रामायण में इनका वर्णन इस संप्रदाय की प्राचीनता सिद्ध करता है। इस दर्शन की प्रमुख मान्यता है—

यावज्जीवेत् सुखं जीवेत् ऋणं कृत्वा घृतं पिबेत्।
भस्मीभूतस्य देहस्य पुनरागमनं कुतः॥

खाओ, पीओ, मौज करो—इस दर्शन का चरम लक्ष्य है।

चार्वाक दर्शन में चार ही तत्त्व होते हैं। ये आकाश को तत्त्व नहीं मानते, क्योंकि आकाश शून्य है। शरीरादि भौतिक पदार्थ मात्र चार तत्त्वों से बनते हैं। चारों के समुचित अनुपात में होने से चैतन्य का उदय होता है। चैतन्य अलग से कोई स्वतंत्र पदार्थ नहीं है। जीव अनित्य हैं; पानी के बुदबुदे की तरह क्षणिक है। आत्मा शरीर से अलग कोई वस्तु नहीं है। ये

परलोक और पुनर्जन्म को भी नहीं मानते। मृत्यु ही इनकी दृष्टि में मोक्ष है। ये शब्द प्रमाण को नहीं मानते। वेद इनके लिए धूर्तों के प्रलाप हैं। वे उसे मनवाते हैं, जो प्रत्यक्षत: होता ही नहीं है।

चार्वाक लोग परिस्थितियों से भागने में नहीं, उनका सामना करने में विश्वास करते थे। देह दंडन और आध्यात्मिक मृगतृष्णा में उनका विश्वास नहीं था। निग्रह और अनुग्रह करनेवाला राजा ही इनके लिए ईश्वर है।

जैन-दर्शन

जैन-दर्शन सर्वाधिक प्राचीन कर्मकांड विरोधी विचारधारा है। इसके आद्य तीर्थंकर ऋषभ देव महाभारत युद्ध से पीढ़ियों पहले हुए थे। वर्द्धमान महावीर इसके चौबीसवें और अंतिम तीर्थंकर थे। उत्तर बिहार के लिच्छवी राजवंश में इनका जन्म ईसा से करीब छह सौ वर्ष पूर्व हुआ था।

दिगंबर तथा श्वेतांबर इस मत के दो मुख्य भेद हैं। श्वेतांबर जहाँ श्वेत वस्त्र धारण करते हैं, दिगंबर नंगे ही रहते हैं। पर दोनों में दार्शनिक मतांतर नहीं है, कतिपय आचार भेद अवश्य है।

अनेकांतवाद जैन-दर्शन का विचार स्तंभ है। इसके मुताबिक, दृष्टि भेद से दृश्य भेद संभव है। एक ही सत् दृष्टिकोण बदलने से असत् भी हो सकता है। दूसरे शब्दों में, मैं कहता हूँ वह ठीक है, पर दूसरे का कहना भी ठीक हो सकता है। इसी को स्याद्वाद का सिद्धांत भी कहते हैं।

जैन-दर्शन में द्रव्य दो प्रकार के हैं— जीव और अजीव। जीव का लक्षण चैतन्य है, देखने और जाननेवाला जीवन है। वह अपने बंधन और मोक्ष का स्वयं उत्तरदायी होता है। वही कर्ता और भोक्ता है। सदा से वह कर्म बंधनाधीन है।

अजीव चैतन्य रहित होता है। पृथ्वी आदि भूत अजीव हैं। इनमें स्पर्श, रूप, रस तथा गंध होती है। पुदगल, आकाश, धर्म, अधर्म और काल अजीव के भेद हैं।

उपनिषदों का सर्वथा अकर्मण्य, ब्रह्म या सर्व समर्थ ईश्वर की जैन

धर्म में ईश्वरता नहीं है। तीर्थंकर ही ईश्वर हैं और मंदिरों में वे ही पूज्य हैं। यह औपचारिक या मानसिक पूजा वैदिक पूजा से मेल खाती है। मोक्ष प्राप्ति ही इसका लक्ष्य है।

जैन धर्म में आचार की बहुत महत्ता है। दुःख-क्षोभ से आत्मा की रक्षा ही जीवन का उद्देश्य है। व्यक्ति बाह्य प्रभुओं और आंतरिक वासनाओं का भी दास है। इसी से मुक्ति जैन धर्म का उद्देश्य है। समस्त कर्मों का क्षय ही मोक्ष है। दुःख से छुटकारा और कर्म बंधनों के नाश का उपाय है, रत्न त्रय का संपादन—सम्यक् दर्शन, सम्यक् ज्ञान और सम्यक् चरित्र।

जैन धर्म में अंहिसा का ऊँचा स्थान है। अंहिसा न केवल जीव हिंसा से परहेज बल्कि मनसा, वाचा और कर्मणा आदि किसी को कष्ट न पहुँचाना ही अहिंसा है।

महावीर के विचार उपनिषदों से पृथक् नहीं है, उनमें निवृत्ति और विराग कूट-कूटकर भरा है।

बौद्ध-दर्शन

'बुद्धं शरणं गच्छामि
धर्मं शरणं गच्छामि
संघं शरणं गच्छामि'

जिस बुद्ध के शरण की अनुगूँज एक समय पूरे एशिया में प्रतिध्वनित हुई थी, उनका जन्म आज से ढाई हजार वर्ष पहले उत्तर प्रदेश के कोसल जनपद के पूर्वांचल में हुआ था। इनके पिता महाराज शुद्धोदन कपिलवस्तु के शाक्य गणराज्य के मुखिया थे। बचपन में इनका नाम सिद्धार्थ गौतम था। राज-पाट और घर-परिवार से विरक्त सिद्धार्थ ने एक बूढ़े, एक रोगी, एक मृतक और एक संन्यासी को देख घर छोड़ दिया। वर्षों की साधना और तपस्या के बाद इन्हें संबोधि—ज्ञान की प्राप्ति हुई। ये बुद्ध हो गए। इनका प्रवर्तित धर्म 'बौद्ध' कहलाया।

बौद्ध धर्म के मौलिक सिद्धांत हैं—

1. सत्ता अविच्छिन्न और प्रवाहमय है।

2. एक में अनेक और अनेक में एक उपलब्ध होता है।

3. निर्वाण ही परम शांति है।

तृष्णा और अविद्या का नाश ही निर्वाण है।

सिद्धार्थ गौतम संसार के दु:खों से दु:खी थे। उन्होंने चार आर्य सत्यों का उद्घाटन किया—

1. दु:ख 2. दु:ख समुदय (दु:ख का कारण) 3. दु:ख निरोध-(दु:खों से मुक्ति) निर्वाण से ही दु:खों से मुक्ति मिल सकती है। 4. दु:ख निरोध अर्थात् निर्वाण पाने के उपाय।

निर्वाण पाने के उपाय मध्यम मार्ग या अष्टांगिक मार्ग हैं—

1. सम्यक् ज्ञान 2. सम्यक् संकल्प 3. सम्यक् वचन 4. सम्यक् कर्मांत (दुराचार का त्याग) 5. सम्यक् आजीव 6. सम्यक् व्यायाम 7. सम्यक् स्मृति 8. सम्यक् समाधि।

हीनयान और महायान बौद्धों के दो प्रमुख भेद हैं। हीनयान व्यक्तिगत निर्वाण की साधना है; महायान समग्र प्राणी मात्र और समष्टि के उत्थान के लिए सचेष्ट रहता है। महायान के ग्रंथ संस्कृत में हैं। बुद्ध की प्रतिमा स्थापन-पूजन भी महायान का उद्देश्य होता है।

सत्ता आंतरिक-मन, बुद्धि, चित्त में रहती है या बाहरी पृथ्वी आदि पंचभूतों में। इन्हीं प्रश्नों के उत्तर में बौद्ध-दर्शन के चार अलग-अलग संप्रदाय हैं—1. वैभाषिक 2. सौत्रांतिक 3. विज्ञानवादी-योगाचार 4. शून्यवाद-माध्यमिक।

वैभाषिक—इसके अंतर्गत इंद्रियाँ हमें बाह्य जगत् का अनुभव कराती हैं। अत: जगत् की बाह्य सत्ता है, किंतु बाह्य जगत् का अनुभव चित्त के सहयोग से करते हैं। बाह्य एवं आंतर पदार्थ स्वतंत्र रूप में सत्ता धारण करते हैं।

सौत्रांतिक—पल-पल परिवर्तित पदार्थों की स्थिति में इंद्रियों द्वारा

उनकी प्रत्यक्ष अनुभूति असंभव है। मन पर बचे परिवर्तन के पूर्व रूप को ही हम अनुभव करते हैं। यह बाह्य पदार्थों की अनुमेयता का सिद्धांत है।

विज्ञानवाद—यह बाह्य सत्ता को नहीं मानता। ज्ञान ही हमें सत्ता का बोध कराता है। विज्ञान ही एकमात्र पदार्थ है। मन, चित्त आदि विज्ञान के पर्याय हैं।

शून्यवाद—(माध्यमिक) शून्यवादी शून्य की सत्ता मानते हैं। शून्य मतलब, अनिर्वचनीय तत्त्व। यह न सत् और न असत्, न इन दोनों से भिन्न। अपनी विलक्षणता के कारण ही यह तत्त्व शून्य है और विलक्षण है।

□

4

षड्दर्शन

(ख) (आत्मवादी)

षड्दर्शन भारतीय दर्शन का एक प्राचीन और लोकप्रिय शब्द है। षड्दर्शन के अंतर्गत न्याय, वैशेषिक, सांख्य, योग, कर्म मीमांसा और वेदांत आते हैं। ये वैदिक दर्शन हैं, वेदों की विचार भूमि पर इनका विकास हुआ है। इन्हें आस्तिक दर्शन भी कहा जाता है। इन्हीं की तरह छह नास्तिक दर्शन भी हैं। वेद निंदकों या वेदों को प्रमाण न मानने वालों को 'नास्तिक' कहा गया है। चार्वाक, जैन, वैभाषिक, सौत्रांतिक विज्ञानवाद और शून्यवाद। वस्तुतः अंतिम चार बौद्ध दर्शन हैं; अतः नास्तिक दर्शन तीन ही हैं। डॉ. गंगानाथ झा जैसे विद्वानों का मत है कि आस्तिक दर्शन की भी तीन जोड़ियाँ हैं—न्याय-वैशेषिक, सांख्य-योग तथा कर्म-मीमांसा तथा वेदांत। वस्तुतः वेदांत इन समस्त दर्शनों का चूड़ामणि है तथा लोक में भी यही सर्वाधिक ग्राह्य है। बहुत लोग इन्हें एक से दूसरे का विरोधी समझते हैं। वास्तव में ये एक-दूसरे के अनुस्यूत और पूरक हैं। इन्हें 'सिक्स स्कूल्स ऑफ इंडियन थॉट' भी कहते हैं। न्याय तर्क शास्त्र है। प्रमाणों पर अधिक जोर देता है। वैशेषिक पदार्थों की विशेषता पर सांख्य चेतन-अचेतन के भेद तथा विकास पर, योग साधना पर, मीमांसा कर्म पर और वेदांत ब्रह्म तथा आत्मा के विवेचनों पर आधारित है।

न्याय

'प्रमाणैरर्थपरीक्षणं न्याय:' अर्थात् विभिन्न प्रमाणों के द्वारा वस्तु सत्य का निर्धारण-परीक्षण ही न्याय है। न्याय दर्शन का प्रारंभ कब हुआ, कहना कठिन है। ईसा पूर्व चौथी शती में गौतम ने न्याय सूत्रों की रचना की। बाद में अनेक टीकाएँ व उपटीकाएँ लिखी गईं। अब उसे प्राचीन न्याय कहते हैं। मिथिला के गंगेश उपाध्याय ने बारहवीं शती में अपने क्रांतिकारी ग्रंथ 'चिंतामणि' द्वारा नव्य न्याय का प्रवर्तन किया। इसकी भी कई टीकाएँ लिखी गईं। मिथिला और नवद्वीप (बंगाल) नव्य न्याय के केंद्र रहे हैं।

तत्त्व ज्ञान के द्वारा नि:श्रेयस मुक्ति पाना न्याय शास्त्र का उद्देश्य है। गौतम ने न्याय सूत्र के प्रथम सूत्र में ही सोलह पदार्थों का नाम बताया है, जिनका ज्ञान परम आवश्यक है—

1. प्रमाण 2. प्रमेय 3. संशय 4. प्रयोजन 5. दृष्टांत 6. सिद्धांत 7. अवयव 8. तर्क 9. निर्णय 10. वाद 11. जल्प 12. वितंडा 13. हेत्वाभास 14. छल 15. जाति 16. निग्रह स्थान।

न्याय ईश्वरवादी दर्शन है; बौद्ध अनीश्वरवादी। न्याय शास्त्र के अंतर्गत कार्य देखकर कर्ता का अनुमान स्वत: सिद्ध है। संसार कार्य रूप है, अवश्य ही इसका कोई कर्ता है। न्याय में अदृष्ट को भी मान्यता है। हमारे भले-बुरे कार्य अदृष्ट का निर्माण करते हैं, जिनके परिणामस्वरूप जीवन सुखी या दु:खी होता है। उस अदृष्ट की प्रेरक परमात्मा है।

सृष्टि की रचना में परमात्मा का कोई स्वार्थ नहीं है, वह पूर्ण काम है। परार्थ भी नहीं है, क्योंकि परार्थ का मूल करुणा भावना है। यदि दूसरे के कल्याण की करुण भावना से सृष्टि रची जाती तो कोई दु:खी नहीं होता। न्याय दर्शन के मुताबिक मनुष्य के कर्म उसके भावी जीवन को सुखी या दु:खी बनाते हैं। प्राणियों के कर्मानुसार, परमात्मा विश्व का निर्माण करता है। उसकी स्वतंत्रता बाधित नहीं होती।

अन्य दर्शनों की भाँति न्याय का भी लक्ष्य जीवन मुक्ति है। न्याय की

भाषा में यही अपवर्ग है। तत्त्व ज्ञान से मोक्ष की प्राप्ति होती है। तत्त्व ज्ञान होने पर मिथ्या ज्ञान का नाश हो जाता हैं—राग-द्वेष मिट जाते हैं। पुनर्जन्म नहीं होता। क्लेशों से आत्यंतिक निवृत्ति होती है; यही मोक्ष है, मुक्ति है।

नैयायिक मुक्ति आनंद नहीं देती, उसमें दुःखों का आत्यंतिक नाश होता है। सुख के साथ राग जुड़ा हुआ है। जब तक सुख रहेगा, राग नहीं मिट सकेगा। राग जन्य प्रवृत्ति से जन्म और दुःख से छुटकारा नहीं मिल सकता। अतः इस दर्शन के अनुसार दुःख से निवृत्ति ही मोक्ष है।

वैशेषिक

वैशेषिक दर्शन के प्रवर्तक महर्षि कणाद हैं। इसे 'उलूक दर्शन' भी कहा जाता है। इस दर्शन के अंतर्गत विशेष की कल्पना एक तत्त्व के रूप में की गई है। अतः इसे 'वैशेषिक दर्शन' कहते हैं। रावण भाष्य इस पर सबसे पुराना भाष्य है, किंतु वह आज तक अनुपलब्ध है। प्रशस्त पाद, व्योमाचार्य, उदयनाचार्य, श्रीधर, श्री वत्स एवं वल्लभाचार्य पद्मनाभ मिश्र आदि ने वैशेषिक पर विपुल साहित्य की रचना की है।

संसार की वस्तुओं को वैशेषिक शब्दावली में पदार्थ कहते हैं। ज्ञेयत्व और अभिधेयत्व माने जाने की और नाम पाने की योग्यता, पदार्थ के सामान्य लक्षण हैं। न्याय शास्त्र के अंतर्गत पदार्थ शास्त्रार्थ के लिए उपयोगी मात्र है, वैशेषिक संसार की समस्त वस्तुओं को पदार्थ मानते हैं।

पदार्थ सात हैं—1. द्रव्य, 2. गुण, 3. कर्म, 4. सामान्य, 5. विशेष, 6. समवाय, 7. अभाव।

पहले पदार्थों की संख्या छह ही थी, बौद्धों के प्रभाव में अभाव को भी एक द्रव्य के रूप में मान लिया गया।

द्रव्य—कार्य के उपादान कारण को 'द्रव्य' कहते हैं। यह गुण क्रिया युक्त होता है। मिट्टी घर का उपादान कारण है। इसमें गुण-क्रिया दोनों हैं, अतः द्रव्य है। द्रव्य नौ हैं—1. पृथ्वी, 2. जल, 3. तेज, 4. वायु, 5. आकाश, 6. काल, 7. दिक्, 8. आत्मा, 9. मन।

गुण—दूसरा द्रव्य है। इसकी स्वतंत्र सत्ता नहीं है, यह पराश्रित है। गुण सत्रह हैं।

कर्म—कर्म द्रव्य की साध्यावस्था है। इसके पाँच भेद हैं— 1. उत्क्षेपण 2. अवक्षेपण 3. आकुंचन 4. प्रसारण 5. गमन।

सामान्य—अनेक वस्तुओं में जो एकत्व है, उसे सामान्य कहते हैं, जैसे— मनुष्य मरणधर्मा है।

विशेष—एक ही श्रेणी के विभिन्न पदार्थों में भिन्नता बतानेवाले पदार्थ को 'विशेष' कहते हैं।

समवाय—दो वस्तुओं के नित्य संबंध—वह संबंध जिसमें दोनों को अलग नहीं किया जा सकता, समवाय है। जैसे—मिट्टी और घड़े का संबंध, तंतु और पट-डोरा और कपड़े का संबंध। संबंध-विच्छेद से वस्तु, वस्तु नहीं रह जाएगी।

अभाव—अभाव से दो वस्तुओं के संसर्गों या संबंधों का निषेध होता है। इसके भी कई भेद हैं। तत्त्ववाद की दृष्टि से वैशेषिक परमाणुवादी हैं। पृथ्वी, जल, तेज और वायु के चार प्रकार के परमाणु हैं और प्रत्येक परमाणु अनंत हैं। इन्हीं के संघात से जगत् की उत्पत्ति होती है, सूक्ष्म से ठोस बनता है। कारण में कार्य पहले से नहीं रहता। कार्य नई वस्तु होता है और कारण से अलग होता है। इसी से नई वस्तु का आरंभ होता है। अतः इसे 'आरंभवाद' भी कहा जाता है।

वैशेषिक दर्शन भौतिकी का निरूपण तो करता ही है, पर धर्म की जिज्ञासा और मोक्ष प्राप्ति इसके लक्ष्य हैं। 'यतोभ्युदय-निःश्रेयस्‌सिद्धिः स धर्मः'—लोक में अभ्युदय और परलोक में मोक्ष देनेवाला धर्म है। यह अत्यधिक समीचीन परिभाषा है। पदार्थों के ज्ञान से इसमें मुक्ति काम्य है।

पहले वैशेषिकों को अनीश्वरवादी समझा गया, पर नैयायिक जैसे शैव हैं, वैशेषिक 'पाशुपत' कहे जाते हैं। बौद्धों के खंडन में दोनों का योगदान महान् है।

सांख्य

सांख्य भारत का अत्यंत पुराना दर्शन है। इसके आद्य आचार्य और प्रवर्तक कपिल हैं। आसुरि, पंचशिख, ईश्वर कृष्ण आदि अनेक इसके अन्य आचार्य एवं टीकाकार हुए हैं। सांख्य का अर्थ है—संख्या या गिनती। तत्त्वों की गिनती करनेवाला यह पहला दर्शन है, जिसके अनुसार तत्त्व पच्चीस या छबीस माने गए हैं। सांख्य का अर्थ ज्ञान-विवेक भी है। प्रकृति और पुरुष भिन्न तथा स्वतंत्र हैं, पर हमें इसका पता नहीं चलता। प्रकृति और पुरुष का भेद समझ पाना ही मोक्षावस्था है। सांख्य के द्वारा, विवेक ज्ञान के द्वारा ही यह संभव है।

सांख्य के अंतर्गत पुरुष और प्रकृति के संयोग से संसार आविर्भूत हुआ है। ये दोनों नित्य और स्वतंत्र तत्त्व हैं। अन्य दर्शनों के बहुत्ववाद को सांख्य ने द्वित्त्व में बदल दिया है—प्रकृति और पुरुष।

कार्य कारण—सांख्य संबंध के संदर्भ में सांख्य का स्पष्ट मत है कि कार्य-कारण में पहले से विद्यमान रहता है। अनुकूल परिस्थितियों में कार्य रूप लेता है। यह वेदांत के विवर्तवाद से अलग है। न्याय वैशेषिक तो कारण में कार्य की विद्यमानता मानते ही नहीं हैं। सांख्य के अनुसार, मिट्टी में घड़ा मौजूद रहता है। कुम्हार अनुकूल परिस्थितियों का निर्माण कर मिट्टी को घड़े का रूप देता है। यह सत्कार्यवाद है।

सांख्य दर्शन में तीन गुण हैं—सत्, रज, तम। तीनों गुणों की साम्यावस्था ही प्रकृति है। साम्यावस्था में सृजन नहीं होता। सृष्टि के लिए गुणों का अनुपात विषम होना चाहिए। विषमता में जिस गुण का अनुपात ज्यादा रहता है, उसकी ही प्रधानता होती है।

प्रकृति और पुरुष सांख्य में दो मौलिक तत्त्व हैं; प्रकृति जड़ है और पुरुष चेतन। सांख्य का पुरुष वेदांत की आत्मा से भिन्न है। आत्मा सत्, चित्त और आनंद है। पुरुष मात्र सत्, चित्त और उदासीन है। आनंद सत्त्व मय होने से त्रिगुणात्मक प्रकृति की वस्तु है। पुरुष में क्रिया नहीं है, वह

तटस्थ दर्शक और साक्षी है।

सांख्य में तीन तत्त्व हैं—प्रकृति, पुरुष और जगत्। तीनों के यथार्थ ज्ञान से व दु:खों से छुटकारा मिलता है। पुरुष नित्य, स्थायी और प्रकृति से स्वतंत्र और अलग तत्त्व है। यह न तो उत्पन्न होता है और न किसी को उत्पन्न करता है।

प्रकृति भी नित्य है। इसके विकास की तीन श्रेणियाँ हैं। पहली स्वयं मूल प्रकृति, दूसरी प्रकृति-विकृत। इसके अंतर्गत पाँच तन्मात्राएँ—शब्द, स्पर्श, रूप, रस गंध, महत् तत्त्व और अहंकार सात तत्त्व आते हैं। ये उत्पन्न और उत्पादक दोनों हैं और तीसरी केवल विकृति है। इसके अंतर्गत पंच महाभूत—धरती, जल, तेज, वायु, आकाश तथा पंच ज्ञानेंद्रियाँ, पाँच कर्मेंद्रियाँ तथा मन-सोलह तत्त्व आते हैं। इन्हीं पच्चीस तत्त्वों का विश्लेषण सांख्य की विशेषता है।

मोक्ष? सदा-सदा के लिए दु:खों से निवृत्ति मोक्ष है। वास्तविक तत्त्व ज्ञान ही इसका साधन है। तत्त्व ज्ञान से ही मोक्ष पाया जा सकता है।

योग

योग की सत्ता सर्वत्र स्वीकृत है। वेदों की संहिताओं से आज के पुष्कल साहित्यों में योग का उल्लेख उपलब्ध है। महर्षि पंतजलि के योग सूत्रों से योग दर्शन का स्पष्ट आरंभ होता है। उन्होंने भी अपने 'योगानुशासन' में प्राचीनकाल के प्रतिपादित शास्त्र का ही उपदेश दिया है।

चित्त वृत्तियों के निरोध को 'योग' कहा गया है, 'योगश्चित्तवृत्ति-निरोधः।' अंत:करण, मन, बुद्धि तथा अहंकार ही चित्त है। सत्, रज, तम के आधार पर चित्त भी तीन प्रकार के बताए गए हैं। इसकी भूमियाँ पाँच प्रकार की हैं। तप, स्वाध्याय और ईश्वर 'प्रणिधान क्रिया योग' कहलाते हैं। व्रत, उपवास, देह दंडन और शरीर का तपाना तप है। मोक्ष-शास्त्रों का अध्ययन, चिंतन और मंत्र पाठ स्वाध्याय हैं। ईश्वर प्रणिधान का अर्थ होता है, क्रिया या कर्मफल का ईश्वर को समर्पण या कर्मफल का त्याग।

योग साधना के लिए संसार से विरुचि, वैराग्य और अभ्यास आवश्यक है। चित्त का कलुष मिटने पर ही सिद्धि प्राप्त होती है। चित्त को निष्कलुष बनाने के लिए अष्टांग योग का अभ्यास जरूरी है। ये हैं—1. यम, 2. नियम, 3. आसन, 4. प्राणायाम, 5. प्रत्याहार, 6. धारणा, 7. ध्यान, 8. समाधि।

योग सर्वाधिक ईश्वरवादी दर्शन है। ईश्वर भक्ति मोक्ष का साधन है। योगमार्ग को वह अपनी करुणा से प्रशस्त करता है। सांख्य के तत्त्व निरूपण की भीत्ति पर योग ईश्वरवाद से संवलित है। आज संशय और संदेह के युग में योग को सर्वत्र वैज्ञानिक आधार प्राप्त है। मानसिक और शारीरिक स्वास्थ्य संवर्द्धन के लिए सर्वत्र समादृत है।

मीमांसा

हिंसा प्रधान वैदिक यज्ञों के विरोध के स्वर उपनिषदों में सुनने लगे थे। जैन, बौद्ध एवं कई अन्य धर्म-संप्रदाय, यज्ञों एवं ब्राह्मणों के विरोध में उठ खड़े हुए थे व मुखर हो चुके थे। वैदिक कर्मों के समर्थन और विरोधियों के मत वाद के खंडन में मीमांसा के विपुल साहित्य का निर्माण हुआ। महर्षि जैमिनि इसके सूत्रकार हुए। शबर स्वामी, कुमारिल भट्ट, प्रभाकर तथा मुरारि मिश्र आदि ने विद्वत्तापूर्ण भाष्य प्रस्तुत किए।

मीमांसा का अर्थ है—वस्तुओं के यथार्थ स्वरूप की छानबीन। कर्म मीमांसा के द्वारा कर्मकांड और ज्ञान मीमांसा के अंतर्गत ज्ञानकांड का विवेचन हुआ है। इन्हें ही पूर्व मीमांसा और उत्तर मीमांसा भी कहते हैं। मीमांसा की दृष्टि यथार्थवादी है। यह परमाणुवाद को मानता है तथा परमाणुओं के मिलने से सृष्टि की उत्पत्ति का समर्थन करता है। वेद विहित कर्मों पर इसका इतना जोर है कि यह ईश्वर की सत्ता अलग नहीं मानता बल्कि इसके लिए कर्म ही भगवान् है। मीमांसा की दृष्टि में जगत् नित्य है, वेद भी नित्य है। कर्म अपने आप फलीभूत होते हैं। अतः भगवान् की कोई आवश्यकता नहीं है। प्राचीन मीमांसक अनीश्वरवादी थे। बाद में कर्मफल

समर्पण के लिए ही सही, ईश्वर की आवश्यकता इन्हें भी हो गई।

मुक्ति के बारे में मीमांसकों में मतैक्य नहीं है। एक वर्ग दुःख के आत्यंतिक नाश के बाद आत्मा के बचे सुखों का मन के द्वारा भोग मुक्ति मानता है, दूसरा वर्ग मुक्तावस्था में सुख-दुःख दोनों का नाश मानते हैं।

मुक्ति के साधन विहित वैदिक कर्म हैं। ये पाँच प्रकार हैं—

1. काम्य, 2. नित्य, 3. नैमित्तिक, 4. प्रारब्ध और 5. निषिद्ध।

निषिद्ध और काम्य कर्मों से बचना चाहिए। ये बंधन में डालते हैं। नित्य, नैमित्तिक कर्मों का अनुष्ठान करना चाहिए, ताकि पातकों का नाश हो। प्रारब्ध कर्म तो भोग से ही क्षय होते हैं, अन्यथा नहीं। देवार्चन ईशकृपा से अभीष्ट की प्राप्ति होती है। वासनाओं के नाश से आत्म-साक्षात्कार होता है, आत्म-साक्षात्कार से मुक्ति।

वेदांत

वेदांत भारतीय दर्शनों और चिंतनों का शिखर है, सामान्य लोगों के आचारों और विचारों को इसने सर्वाधिक प्रभावित किया है। उपनिषद्, वेद और लोक का ज्ञान देनेवाला दर्शन, भव बंधन काटनेवाला शास्त्र आदि अर्थों में इसका प्रयोग होता आया है। वेदों, उपनिषदों व कालांतर के चिंतनों और भाष्यों में वेदांत की धारा सर्वत्र उपलब्ध है। वेद वाक्यों की यत्किंचित् विसंगतियों को दूर करने तथा चिंतन में एकरूपता लाने के लिए बादरायण ने ब्रह्म सूत्रों या वेदांत सूत्रों की रचना की। गीता में औपनिषदिक चिंतनों का समन्वय हुआ। उपनिषद्, गीता और ब्रह्म सूत्र का अनुगमन भी 'वेदांत' कहलाता है।

आचार्य शंकर ने ब्रह्मसूत्र पर भाष्य लिखा। रामानुज, निम्बार्क, मध्व, वल्लभ, विज्ञान भिक्षु, रामानंद आदि अनेक विद्वानों ने भी वेदांत सूत्रों पर अपनी स्वतंत्र टीकाएँ लिखीं, सबके अपने-अपने मतवाद और संप्रदाय उठ खड़े हुए। सामान्यतः शंकर का अद्वैत वेदांत ही इस अर्थ में रूढ हो गया है। अन्य वेदांत वैष्णव या शैव के नाम से अभिहित हैं। शंकर की विचार भूमि

तार्किक है, अन्यों की धार्मिक। अद्वैत, विशिष्टाद्वैत, द्वैत, द्वैताद्वैत, शुद्धाद्वैत, अचिंत्य भेदाभेद वेदांत के विभिन्न संप्रदाय हैं।

वेदांत का मुख्य प्रतिपाद्य ब्रह्म है। इसमें जीव, जगत्, ब्रह्म का संबंध और मुक्ति के विविध स्वरूपों की विभिन्न रूपों में विवेचना हुई है। इसी से मतवाद भी बढ़े हैं। ब्रह्म, जीव और जगत् के संबंधों को आचार्य शंकर ने 'माया' कहा है।

वेदांत के अंतर्गत ब्रह्म ही परम सत्ता है। प्रमाणों से नहीं, श्रुति वाक्यों से वह जाना जा सकता है। उसे जानने के लिए जिज्ञासा भावना होनी चाहिए—अथातो ब्रह्म जिज्ञासा। शास्त्रों के अध्ययन से ही उसे पाया जा सकता—शास्त्रयोनित्वात्। दो प्रकार से ब्रह्म के लक्षण किए गए हैं—

स्वरूप लक्षण और तटस्थ लक्षण।

ब्रह्म का स्वरूप सत्, चित्त, आनंद—सच्चिदानंद है। श्रुतियों ने प्रतिपादित किया है—

1. सत्यं ज्ञानमनन्तं ब्रह्म। तै. 2.1.1
   ब्रह्म सत्य है, ज्ञान है और अनंत है।
2. अयमात्मा ब्रह्म-यह आत्मा ही ब्रह्म है। वृहदार. 2.5.19
3. विज्ञानमानन्दं ब्रह्म-ब्रह्म विज्ञान और आनंद रूप है।

श्रुतियों के अंतर्गत तटस्थ लक्षण भी आए हैं—

यतो वा इमानि भूतानि जायन्ते। येन जातानि जीवन्ति। यत् प्रयन्त्यभि संविशन्ति। तद् विजिज्ञासस्व। तद् ब्रह्म। तैत्ति. 3.1.1

जिससे ये भूत उत्पन्न होते हैं, उत्पन्न होकर जिससे जीवित रहते हैं और अंत में जिसमें प्रवेश कर जाते हैं, उसे ही ब्रह्म समझो। बादरायण ने इसी को सूत्रवत् कहा—जन्माद्यस्य यतः अर्थात् जिससे जन्म, पालन और मृत्यु होती है, वही ब्रह्म है।

ब्रह्म एक ही है। पर मूर्त और अमूर्त उसी के दो रूप बताए गए हैं। वह तो वास्तव में चिरंतन, अद्वितीय, निष्कल और अशरीरी है। उपासना

के लिए उसके नाम रूप की कल्पना की गई है। यही अवाच्य, अगोचर, अनिर्देश्य ब्रह्म माया धारण करके संकुचित हो जाता है—मायिनं तु महेश्वरम् बन जाता है; ईश्वर कहलाता है। इस रूप में सृष्टि, स्थिति और संहार करता है।

आत्मा तीनों शरीरों, पाँचों कोशों और त्रि अवस्था मे अलग है। चौबीस तत्त्वों का आधार तथा जीव और ईश्वर से भिन्न सच्चिदानंद रूप है।

चौबीस तत्त्वों में पाँच ज्ञानेंद्रिय, पाँच कर्मेंद्रिय, पंच प्राण, पाँच तंमात्राएँ और चार अंत:करण-मन, बुद्धि, चित्त और अहंकार आते हैं।

मलिन सत्त्व प्रधान अविद्या युक्त ब्रह्म जीव है। जब तक अविद्या का योग इससे नहीं होता, यह आत्मा ही ब्रह्म है। अविद्या जीव को बंधन में डाल देती है। आत्मा तो अविद्या से मुक्त सच्चिदानंद है।

सृष्टि के पूर्व के नामात्मक रूपों की अव्यक्त पूर्वावस्था को 'माया' कहते हैं। यह सांख्य की प्रकृति की तरह स्वतंत्र नहीं है। वेदांत में सृष्टि पूर्व जगत् की प्राग्वस्था आवश्यक है। इसके बगैर परमेश्वर जगत् का स्रष्टा कैसे हो सकता है? यह पूर्वावस्था या माया स्वतंत्र नहीं है; परमात्मा के अधीन है। अपने विक्षेप शक्ति से वह जगत् की रचना करती है। यह अनिर्वचनीय है।

जगत् के पदार्थ अस्ति, भाति, प्रियं, नाम और रूप पंच रूपात्मक भासते हैं। प्रथम तीन ब्रह्म रूप हैं, आखिरी दो जगत् रूपात्मक। जगत् न सत् है, न असत्। ब्रह्म पर आश्रित, ब्रह्म-सापेक्ष सत्य है। ब्रह्म ही इसका कारण और आधार है। ब्रह्म से जगत् का संबंध अनन्य है, जैसे सुवर्ण से आभूषण का। ब्रह्म की प्रतीति होते ही जगत् का वैविध्य, नानात्व समाप्त हो जाता है। माया ब्रह्म ही जगत् रूप में भासित है। यही विवर्त है।

वेदांत कोरा दर्शन ही नहीं, व्यावहारिक साधना का उच्च मार्ग है। इसमें गुरु का स्थान बहुत महत्त्वपूर्ण है। वह उपदेष्टा है, ज्ञानार्जन का माध्यम है। ज्ञानार्जन के लिए वेदांत में नित्यानित्य-विवेक, वैराग्य, शमादि

षट् संपत्ति और मुमुक्षता—साधन चतुष्टय का होना आवश्यक माना गया है।

वेदांत में जीव स्वभावतः शुद्ध, बुद्ध और मुक्त है। गुरु के उपदेश से ही ज्ञान होता है; ज्ञान से दुःख-नाश होता है; आनंद की प्राप्ति होती है। जीव की आनंदावस्था ही मुक्ति है। ब्रह्म का स्वरूप ही सच्चिदानंद है। जीवन में परमानंद की प्राप्ति जीवन्मुक्ति है, शरीर त्याग के बाद मिलने वाली विदेह मुक्ति है। ब्रह्म में अखंड स्थित होना ही मोक्ष है।

□

5

आत्मा, परमात्मा और त्रिमूर्ति का स्वरूप

नासदासीन्नो सदासीत्तदानीं नासीद्रजो नो व्योमा-परो-यत्।
किमावरीवः कुह कस्य शर्मन्नम्भः किमासीद्गहनं गभीरम्॥
न मृत्युरासीदमृतं न तर्हि न राच्य अह्न आसीत्प्रकेतः।
आनीदवातं स्वधया तदेकं तस्माद्धान्यन्न परः किं चनास॥

ऋग्वेद 10:129

तब असद् (कारण) नहीं था, सद् (कार्य) भी नहीं था, लोक और इनके चतुर्दिक आकाश भी नहीं था। कौन आवरण करनेवाला था? कौन किसके आश्रय में था? क्या गहरा जल था? मृत्यु-अमृत भी नहीं थे, दिन-रात के विभेदक भी नहीं थे। वह अकेला, वायु के बिना भी, अपनी अंत:शक्ति से स्वसित था। उसके सिवा कुछ भी नहीं था।

सृष्टि के प्रारंभ में उसके अलावा कुछ भी नहीं था। वह था और अपनी अंत: शक्ति से स्वसित था। अपने अकेलेपन से वह ऊब गया था, उस आप्तकाम ने इच्छा की, एकोऽहं बहुस्याम—मैं अकेला बहुत होऊँ। फिर उसने जैसा चाहा, सृष्टि वैसी हो गई। मूलतः सृष्टि वैसी नहीं थी, जैसी यह है। उस समय सर्वत्र अंधकार का अद्वैत व्याप्त था। 'जन्माद्यस्य यत:' और 'सच्चिदानंद' भी उसे ही कहा गया है। वह सत् स्वरूप है, चित् स्वरूप है, आनंद स्वरूप है।

सृजन की इच्छा होने पर अपने स्वरूप में आकाश काल, विचार-काल, कर्म और स्वभाव वह स्वयं धारण करता है। आकाश अमित, अनंत, अविभाज्य और एक रस है। घटाकाश, मठाकाश या महाकाश में कोई भेद नहीं है। जो आकाश बाहर है, वही घट या मठ के भीतर है। घट या मठ के टूटने से बाहर

के आकाश के आयतन में कोई परिवर्तन नहीं होता। सूक्ष्म वस्तुओं और विशाल आवरणों के अलग-अलग आकाश मात्र प्रतीति है। प्रत्येक छोटे-बड़े मानसिक विभाजनों में अनेक ब्रह्मांडों की संभावनाएँ हैं।

ठीक इसी तरह का तत्त्व काल है, यह भी निरंतर प्रवहमान अविभाज्य है। इसे अखंड दंडायमान भी कहा गया है। इसे आकाश से अलग नहीं किया जा सकता। ग्रह नक्षत्रों की गति के आकलन से हम समय का अंदाजा लगाते हैं। इससे समय के प्रवाह पर कोई असर नहीं पड़ता, और विचार भी निरंतर विद्यमान तत्त्व है। सृष्टि में ऐसा कुछ भी नहीं है, जो अनियोजित है। समस्त घटनाओं और संरचनाओं में एक सुनियोजित, पूर्व सुचिंतित घटनाक्रम है, जिसमें किसी परिवर्तन की गुंजाइश नहीं रहती।

ये आकाश, काल या विचार निराधार नहीं हैं। इनके पीछे, आधार रूप में एक चेतन, सक्रिय और सुस्पष्ट श्रृंखला है। आकाश सत्-अस्तित्व पर टिका है; आनंद या अनुभूति ही काल की पहचान है और विचार के लिए चित्-चेतना का होना आवश्यक है। अतः सत्, चित् आनंद में आकाश, विचार और काल प्रतिष्ठित हैं। आकाश के पहले सत्, अस्तित्व, काल के पूर्व अनुभूति या आनंद और विचार के पहले चैतन्य का होना आवश्यक है।

शब्द जिसका गुण है, वह आकाश समस्त मूर्त पदार्थों को अवकाश देता है। आकाश का अर्थ है रिक्तता-खालीपन। रिक्तता में किसी स्थान विशेष को रहने या होने से (अस्तित्व से) ही चिह्नित किया जा सकता है।

अनुभूति या आनंद से ही समय की पहचान होती है। अगर कोई विशिष्ट अनुभूति या घटना नहीं हुई हो तो हमें कल की भी याद नहीं होती। विशेष अनुभव देने के लिए वर्षों पूर्व के समय को भी हम याद रखते हैं। 15 अगस्त, 1947 का समय इसलिए याद है, क्योंकि उस दिन भारत स्वतंत्र हुआ; राम और कृष्ण का जन्मदिन होने से रामनवमी या जन्माष्टमी याद रखते हैं। आनंद या अनुभूति का सिद्धांत अस्तित्व से आंतरिक रूप से जुड़ा है।

शिव आनंद के स्वरूप हैं, अनुभूति के नियामक। वे सेन्ट्रीफ्यूगल क्षेत्रवती प्रवृत्तियों के प्रतिनिधि हैं, तमस् के प्रतीक। असीम आनंद की वर्षा करते हैं, मगर प्रलय भी करते हैं। वे आनंद स्वरूप हैं, पर विनाशक भी। एक ही व्यक्ति नाश और आनंद दोनों के प्रतीक हैं। उनके द्वारा ध्वंस होता है, पर ध्वंस में नव निर्माण सन्निहित है। आनंद जीवन है, काल मृत्यु है। शिव दोनों के प्रतीक हैं।

वे सांसारिक सुख देते हैं, पारलौकिक भी। वे शिव भी हैं, शिवतर भी।

चेतन मस्तिष्क में ही विचार उत्पन्न होते हैं। बिना विचारक के विचार असंभव है। चेतना विचार की आधारभूमि है और व्यक्ति के अस्तित्व से जुड़ी है, अस्तित्व में आने के बाद ही चैतन्य और फिर विचार का उदय होता है। पर अस्तित्व, चैतन्य और आनंद की प्रतिष्ठा आधार कहाँ है? आत्मा में।

आत्मा? आत्मा ही शरीर के आवरण में जीवात्मा हो जाती है। यह शाश्वत, अजर-अमर, चैतन्य स्वरूप, सुख स्वरूप, आनंद स्वरूप, अविनाशी और परमात्मा का अंश है—

ईश्वर अंश जीव अविनाशी
चेतन अमल धवल सुखराशि॥

आत्मा शरीर नहीं है, शरीर में रहते हुए भी शरीर से पृथक् है। जीवात्मा के निकल जाने पर शरीर और इंद्रियाँ ज्यों-की-त्यों रहती हैं, किंतु असमर्थ, निष्प्राण, निश्चेष्ट और निस्तेज। आत्मा को शस्त्र से काटा नहीं जा सकता, आग जला नहीं सकती, वायु सूखा नहीं सकती, शरीर के नष्ट होने पर भी यह अजन्मा नष्ट नहीं होता। वह चेतन शुद्ध, बुद्ध और नित्य है, किंतु परमात्मा के नियंत्रण से बाहर नहीं है। उपनिषद् कहते हैं, 'अयमात्मा श्रोतव्यः मन्तव्यः निदिध्यासितव्यः'—आत्मा को ही सुनना चाहिए, समझना चाहिए और ध्यान करना चाहिए। आत्मसाक्षात् कर लेनेवाले के लिए कुछ भी दुर्लभ नहीं होता।

आत्मा स्वाध्याय, शिक्षा या बौद्धिकता से नहीं पाई जा सकती। इसे वही पा सकता है, जो आत्मा के प्रति समर्पित है, शांत है, ध्यानस्थ है; जिसकी बुद्धि निश्चयात्मिका है।

आत्मा में विश्व उदय होता है, यहीं आकाश और इसके अस्तित्व का बोध होता है, काल और आनंद की अनुभूति होती है, यही चैतन्य की सुगबुगाहट होती है, विचार अँगड़ाई लेता है। इस आत्मा का ब्रह्म से संबंध अशांशी का है। पल भर के लिए आत्मा परमात्मा से और ब्रह्म से पृथक् नहीं है। अतः मूलतः ब्रह्म ही सर्वाधार है। संपूर्ण विश्व का, सारी सृष्टि का प्राकट्य उसी से होता है। आकाश, काल और विचार का जनक वही है। इनकी उत्पत्ति पिता-पुत्र की तरह नहीं होती, वह ईक्षण करता है, सृष्टि हो जाती है। वह सत्, चित् आनंद

के समन्वय और संघटन का चरम और परम उद्गम है, जहाँ आकाशीय अस्तित्व, अखंड चैतन्य और अक्षय आनंद अनुभूति एक है।

तैत्तिरीय उपनिषद् में ब्रह्म को 'सत्यं ज्ञानमनन्तं ब्रह्म' कहा गया है। ब्रह्म सत्य है, ज्ञान है, अनंत है। वह हृदय-गुहा में छिपा है, अंतरिक्ष मंडल में भी दृष्टिगोचर है। उसे जानकर साधक सर्वज्ञ हो जाता है।

वरुण ने अपने बेटे भृगु को बताया था— 'अन्नं प्राणं चक्षुः श्रोत्रं मनो वाचमिति। तं हो वाच। यतो वा इमानि भूतानि जायन्ते। येन जातानि जीवन्ति यत्प्रयन्त्यभिसंविशन्ति। तद्विजिज्ञासस्व। तद् ब्रह्मेति।'

तैत्तिरीयः 3.1.1

अन्न, प्राण, चक्षु, श्रोत्र, मन और वाणी जिससे उत्पन्न होते हैं, उत्पन्न होने के बाद जिससे जीवित रहते हैं और जिसमें विलीन हो जाते हैं, उसे ही ब्रह्म समझो।

आनंद रूप ब्रह्म के संदर्भ में आया है, वाणी जहाँ से लौट आती है, मन जिसे प्राप्त नहीं कर सकता, उस आनंद रूप ब्रह्म को जान लेनेवाला निर्भय हो जाता है। तैत्ति.

ब्रह्म रस रूप है, आनंद रूप है, आनंद ही आनंद है। वह अगम्य, अगोचर, इंद्रियातीत है। उसकी कोई आकृति नहीं, रूप नहीं। वह सत् भी है और असत् भी। विरोधी बातों का अंबार है। नेति, नेति—ऐसा नहीं, ऐसा नहीं कहकर उसे समझने का प्रयास किया गया है।

उसके पास सूर्य, शशांक और पावक का प्रकाश नहीं है, फिर भी उस अतिशय आलोक के पास पहुँचने पर लौटना नहीं होता, मोक्ष हो जाता है—

न तद् भासयते सूर्यो न शशांको न पावकः।
यद् गत्वा न निवर्तन्ते तद्धाम परमं मम॥

श्रीमद्भगवद् गीता 15:6

यमाचार्य ने कठोपनिषद् में आत्मा और परमात्मा के संबंधों का अद्भुत विश्लेषण नचिकेता को बताया है—

अणोरणीयान्महतो महीयान्
आत्माऽस्य जन्तोर्निहितो गुहायाम्

तमक्रतुः पश्यति वीतशोको
धातुःप्रसादान्महिमानमात्मनः

कठ 1.2:20

जीवात्मा अणु है, परमात्मा अणु से भी अणु है, यह सब जगह है। किंतु वह (परमात्मा) महान् से भी महान् है। हृदय गुफा में छिपा है। उसे कर्मों से मुक्त वीतशोक ही देख पाते हैं। वह उपदेश या बुद्धिमत्ता से नहीं पाया जा सकता, जिस पर उसकी कृपा होती है, वही प्रकृष्ट ज्ञान से पा सकता है—प्रज्ञानेनैनमाप्नुयात्।

त्रिमूर्ति

सत्त्वं रजस्तम इति प्रकृतेर्गुणास्तै-
युक्तः परः पुरुष एक इहास्य धत्ते।
स्थित्यादये हरिविरिञ्चिहरेति संज्ञाः
श्रेयांसि तत्र खलु सत्त्वतनोर्नृणांऽस्युः॥

भा. 1:2:23

निर्विशेष ब्रह्म माया–संवलित हो, सृष्टि स्थिति, संहार के लिए, सत्त्व, रज और तम गुणों को धारण कर हरि विरिंचि और महेश त्रिमूर्ति हो जाता है। सृष्टि का निमित्त और उपादान कारण वही है। उसी की कृपा से यह स्थित रहती है और अंततः उसी में विलीन हो जाती है।

प्रकृति के गुण सत्त्व, तम और रजस् को क्रमशः आदान, उत्क्रांति और प्रतिष्ठा कहते हैं। आदान (सत्त्व) केंद्रवर्ती, सेंट्रीफ्यूगल है, उत्क्रांति (तम्) क्षेत्रवर्त्ती, सेंट्रीफ्यूगल तथा प्रतिष्ठा (रजस) दोनों का संतुलन इक्वीलीब्रियम है। सत्त्व सबकुछ अपनी तरफ केंद्र की तरफ खींचता है, सबकुछ जोड़ता है। आंतरिक शक्ति संगठन क्रियाशीलता और संबंधन विष्णु का कार्य क्षेत्र है। यह सब अंतर्वृत्ति है। बाहर में, प्रकट रूप में; ये सारे कार्य रजोगुण से होते हैं—ब्रह्मा के कार्य क्षेत्र के अंतर्गत आ जाते हैं।

भगवान् विष्णु सत्त्व गुणों के नियामक और मूर्तिमंत स्वरूप हैं। वे

सर्वत्र व्याप्त हैं। विष्णु शब्द का अर्थ ही है व्याप्ति और व्यापकता। सृष्टि और अस्तित्व सात्त्विक वृत्तियों पर टिके हैं। वही इन्हें स्थायित्व प्रदान करते हैं। कोई भी अस्तित्व सत् रहित नहीं होता। सत् से सद्‌वृत्तियाँ जगती हैं, सत्कार्य की प्रेरणा मिलती है। सत्त्व से शक्ति का संचयन होता है, आत्मा का उत्कर्ष होता है। सर्वत्र प्रकाश और एकता फैलती है। संयोजन और संघटन होता है।

तमस्-डिसइंटीग्रेटिंग फोर्स—क्षेत्रवर्ती प्रवृत्ति सतोगुण का ठीक उलटा है। सत्त्व शक्ति कणों का संचयन, प्रकाश और तमस् शक्ति कणों का क्षरण और अंधकार है। शक्ति कणों के संचयन से प्रकाश होता है, जिंदगी प्रस्फुटित होती है। संचयन के निषेध से अंधकार फैलता है, मृत्यु होती है, प्रलय होती है। तमस् की यह प्रवृत्ति मुक्ति प्रदान करती है; बद्धनिर्बंध होता है, ससीम असीम। प्रलय से सृजन जुड़ा है, मृत्यु से जीवन प्रकट होता है। इस प्रवृत्ति के रूप रुद्र हैं—शिव-प्रलय के विश्राम स्थल, सोने की जगह। प्रलय की इसी प्रशांति से सृजन प्रारंभ होता है। शंकर प्रलयंकर भी हैं। शंकर भी-शंकरोति-रक्षां करोति इति शंकरः—वे सब की रक्षा करते हैं। प्रलय काल में सभी जीवात्मा और समस्त सृष्टि के बीज उनमें त्राण पाते हैं, वे स्लीपिंग एबोड हैं।

सात्त्विक और तामसिक गुण—केंद्रवर्ती और क्षेत्रवर्ती शक्तियों—सेंट्रीपीटल और सेंट्रफ्यूगल फोर्सेसे या संचयन और क्षरण के संतुलन से रजस् गुणों का उदय होता है। रजस् के उदय से क्रिया शक्ति जागृत होती है, काम करने की इच्छा विकसित होती है। अनेक रूपाकृतियों की संरचना के भाव जगते हैं। रजस् से ही अस्तित्व, काल और विचार के निर्माण एवं विभाजन की प्रक्रिया प्रारंभ होती है। रजस् प्रवृत्ति के नियामक और प्रतीक ब्रह्मा हैं, स्रष्टा और सृष्टि के रचयिता, किसी भी सृष्टि और संरचना का पूर्ववर्ती विचार व कल्पना है। वस्तुगत चीज नष्ट हो जाती है; विचार गत अक्षय और स्थायी होती है। कोई मशीन नष्ट हो सकती

है, उसका आइडिया, डिजाइन और इंजीनियरिंग शाश्वत है। सृष्टि में क्रमबद्धता व नियम बद्धता है। यह रजोगुण के भाव जगत् का ही परिणाम है, चिंतन का ही फल है।

इस तरह ब्रह्मा, विष्णु और महेश की त्रिमूर्त्ति रजस्, सात्त्विक और तमस् प्रवृत्तियों के नियामक हैं।

सत्, रज और तम की बराबर मात्रा प्रकृति की साम्यावस्था है। यह तमस् की स्तब्ध, प्रशांत स्थिति है। काल विक्षेप से इसमें असंतुलन होने पर रजोगुण का उदय होता है; रजोगुण में असंतुलन होने से क्षरण प्रारंभ हो जाता है, तमोगुण की वृद्धि होती है, फिर समय से तमोगुण में असंतुलन होने पर सात्त्विक प्रवृत्ति-संघटनात्मक और उत्कर्ष की प्रवृत्ति होती है। इस तरह ये तीनों गुण बढ़ते-घटते रहते हैं, अपना प्रभाव दिखाते रहते है। पृथक् दिखने पर भी तीनों गुण एक-दूसरे से आंतरिक रूप से संबद्ध हैं और अलग-अलग रह भी नहीं सकते।

तीन अवस्था-तीन गुण

जाग्रत्, स्वप्न, सुषुप्ति तीन अवस्थाएँ हैं, जब रज, सत् और तम तीनों गुणों की अनुभूति की जा सकती है। रज की अनुभूति पदार्थ जगत् में होती है, यह जाग्रतावस्था की स्थिति है। जागते हुए हम काल अवकाश की सापेक्षता में अस्तित्व का बोध करते हैं—हम कब, कहाँ हैं। सृष्टि-तत्त्वों को भी जाग्रत् अवस्था में ही छू कर, देखकर अनुभव किया जा सकता है। इस अवस्था के नियामक स्रष्टा, विधाता ब्रह्माजी हैं। अनेक रूपाकृतियों का सृजन करते हैं।

रजोगुण भाव जगत् की स्वप्नावस्था अनुभूति है । इसके अधिष्ठाता विष्णु हैं। स्वप्न के समय व्यक्ति न सोया रहता है, न जागा रहता है। वह मनोलोक में, भाव जगत् में विचरता रहता है। सोते समय वह कोई सामग्री लेकर नहीं सोता है, पर अनेक तरह का विश्व रचता है। कभी अपने को राजा बनाता है, कभी प्रजा। पर स्वप्न की स्थितियों और रचनाओं पर

उसका नियंत्रण नहीं रहता। ऐसा लगता है, वह जल पर भगवान् विष्णु की तरह सर्प-शय्या पर सो रहा है।

गहरी नींद चेतना का अचेतन अवस्था में आनंद पूर्ण विश्राम है। यह तमस् की अनुभूति है। शरीर और इंद्रियाँ पूर्णतः निष्क्रिय रहती हैं। मन अनुभव करता है। नींद में आदमी स्वप्न देखता है, जागता है और फिर सो जाता है। इस तरह तमस् से ही, निंद्रावस्था से ही सत् और रज की भी अनुभूति होती है। अस्तित्व चैतन्य का भी बोध होता है।

गहरी नींद से जगने पर असीम आनंद का बोध होता है। हम कहते हैं, आज सोने में बहुत सुख मिला। यह शिवत्व की स्थिति है। जीव-शिव एक हुए रहते हैं। शिव को निद्रा का अधिष्ठाता देवता कहा गया है। यह मन की पूर्ण विश्रांति और निष्क्रियता की स्थिति है। हम चैतन्य के उच्च स्तर पर रहते हैं, अस्तित्व के आनंद का बोध होता है। शिव व्यक्ति के अहं भाव को, उसकी ससीमता को, उसकी आंतरिक गाँठ को समाप्त करते हैं; विष्णु अखंड ज्ञान और दिव्य आध्यात्मिक अनुभूति प्रदान करते हैं। दोनों मोक्ष की स्थिति हैं।

शान्ताकारं भुजगशयनं पदम्नाभं सुरेशं
विश्वाधारं गगनसदृशं मेघवर्णं शुभाङ्गम्।
लक्ष्मीकान्तं कमलनयनं योगिभिर्ध्यानगम्यं
वन्दे विष्णुं भव भयहरं सर्वलोकैकनाथम्॥

तथा

सशङ्खचक्रं सकिरीट कुण्डलं सपीतवस्त्रं सरसीरूहेक्षणं।
सहारवक्षःस्थलकौस्तुभंश्रियं नमामि विष्णुं शिरसा चतुर्भुजम्॥

विष्णु के चौबीस अवतारों की अनेक प्रतिनिधि रूपाकृतियों में ऊपर वर्णित दो स्वरूप अतिशय ध्येय और पूज्य हैं। पहले में शांति के समुद्र रूप, पद्मनाभ, सुरेश, विश्वाधार कारण जल में शेष की शय्या पर शयन करनेवाले विष्णु की वंदना की गई है। भगवान् के आंतरिक गुणों और

शक्तियों को वंद्य बताया गया है। दूसरे में उनके बाह्य आवरणों और आभूषणों की; जिनके सांकेतिक अर्थ भी हैं, चर्चा करते हुए चतुर्भुज विष्णु को प्रणाम किया गया है। वस्तुतः भगवान् के स्वरूपायुध और आभूषण सांकेतिक भी हैं। आराध्य का कोई अंग विशेष भी साधक के लिए ध्यातव्य है।

भगवान् के चतुर्भुज रूप की चार भुजाएँ उनकी चतुर्दिक् सर्वतः सत्ता को व्यक्त करती हैं। साथ ही जीवन के चार आश्रम, चतुर्विध धर्मार्थ आदि पुरुषार्थ चार अवस्थाएँ, चार युग आदि व्यंजित हैं।

भगवान् का शंख पाँचजन्य है। यह उनके निचले दाएँ हाथ में है और पंच महाभूतों को इंगित करता है। सृष्टि के कारण जल से इसकी उत्पत्ति हुई है और इसकी ध्वनि उस आद्य स्फोट का प्रतीक है, जिससे सृष्टि का विकास हुआ।

भगवान् के ऊपरवाले दाएँ हाथ में बालरवि-सा चमकीला सुदर्शन चक्र है। यह बुद्धि का प्रतीक है तथा षड्दल कमल स्वरूप है। इसमें छह आरे हैं; बीच में ह्रीम् है और चक्र के चारों तरफ माया का चक्कर है। मन की अनंत शक्ति से अज्ञान का नाश होता है। बड़े-बड़े कुविचारी मारे जाते हैं। सुदर्शन चक्र से संसार के बड़े-बड़े दुष्टों और राक्षसों का नाश हुआ है।

विष्णु के ऊपरवाले बाएँ हाथ में कमल है। यह शुद्धता और सात्त्विकता का प्रतीक है। इसी से धर्म और ज्ञान का उदय होता है। कभी-कभी इससे भग आदि भगवान् के षड् ऐश्वर्य का भी अर्थ लिया जाता है।

भगवान् के हाथ में शारंग धनुष है, जो तामसिक अहंकार व्यक्त करता है इससे अहंकार नष्ट होता है; ज्ञान शक्ति जगती है।

नीचे वाले हाथ में गदा है। यह ज्ञान-शक्ति का बोध कराती है। ज्ञान शक्ति से शारीरिक और मानसिक शक्तियाँ जागृत होती हैं। इसी कारण भगवान् की गदा काली रूप में भी जानी जाती है।

वक्ष पर विभूषित कौस्तुभ मणि चैतन्य का प्रतीक है, श्री वत्स-बालों का गुच्छा सांसारिकता व्यक्त करता है; वैजयंती माला अव्यक्त प्रकृति का स्वरूप है और पीतांबर वस्त्र से वेदों की अभिव्यक्ति होती है।

विष्णु के वाहन गरुड है, लक्ष्मी के उल्लू। नारायण गरुड पर लक्ष्मी के साथ आते हैं; लक्ष्मी उल्लू पर अकेली आती हैं। लक्ष्मी और नारायण के साथ आने से साधक की बुद्धि-वैभव का संतुलन रहता है, उल्लू पर पधारनेवाली लक्ष्मी से श्रीमद् और अभिमान बढ़ता है। गरुड को वेदों का स्वरूप भी कहा गया है। वेदों की विभिन्न ऋचाएँ और पाठ गरुड के अंग हैं। विष्णु यज्ञ रूप हैं, यज्ञ पुरुष हैं। वेदों पर आरूढ़ होकर ही तो यज्ञ पुरुष यज्ञों में पधारते हैं। वेद पाठ की गति भी मन के समान है।

सृष्टि की सुप्तावस्था में भगवान् कारण-जल में, क्षीर सागर में, शेष की शय्या पर विश्राम करते हैं, भुजग शयन हैं। शेषनाग सर्पों के व गतिशीलों के राजा हैं। प्रलय काल में सृष्टि के बीज उनमें ही सन्निहित रहते हैं, ताकि अगली सृष्टि भी हो सके। इसीलिए वे शेष कहे जाते हैं। शेष को प्रकृति की अव्यक्तावस्था भी माना जाता है।

श्री भगवान् का रंग नीले कमल के समान है, वह आकाश की तरह अनंत और व्याप्त है, पयोधर बादल की तरह मेघवर्ण और दीप्त हैं। वह सात्त्विक गुणों के प्रतिनिधि हैं।

शिव स्वरूप

नमः शंभवाय च मयोभवाय च
नमः शंकराय च मयस्कराय च
नमः शिवाय च शिवतराय च

भगवान् शंकर लौकिक-पारलौकिक, सुख मांगल्य, भोग और मोक्ष देनेवाले हैं।

शिव तीन मूर्ति की तीसरी और महत्त्वपूर्ण आकृति हैं। यह प्रलय, क्षरण और तामसिक-सेंट्रीफ्यूगल-प्रवृत्तियों के नियामक हैं। शिव वेदबाह्य

और अतिप्राचीन देवता हैं। ध्वंस और कल्याण इनके कार्य हैं। इनमें शिवत्व भी है, शवत्व भी, औघड़दानी भी हैं, वज्रादपि कठोर भी। वेदों के रुद्र देवता में इन्हें समायोजित कर लिया गया है। इन्हें कर्पूरगौर, करुणावतार, संसार-सार, भुजगेंद्रहार कहा गया है। शिवजी हमेशा से सामान्य जन के आराध्य रहे हैं, इनके स्पर्श और पूजा में किसी तरह की रुकावट नहीं रही है।

शिव का रंग कर्पूरगौर बताया गया है, वे तमोगुण के प्रतीक हैं। सर्वत्र तम को सत् और सत् को तम आवृत्त किए रहता है, घेरे रहता है, क्योंकि ये एक-दूसरे के विरोधी हैं। अत: स्वाभाविक है कि शिव उज्ज्वल-धवल दिखें, विष्णु मेघवर्ण, गगन सदृश।

शिव त्र्यम्कबक हैं, त्रिलोचन हैं। सूर्य, चंद्र और अग्नि शिव की तीन आँखें हैं। बीच की तीसरी आँख अग्नि है और अंतर्मुखी है। भीतर की तरफ खुलती है। बाहर की तरफ खुलने से प्रलय सी स्थिति व महा विनाश उत्पन्न हो जाता है। इसी नेत्र के खुलने से काम भस्म हो गए थे।

पंचमी के चंद्रमा शिव के माथे पर हैं। यह सृजन का प्रतीक है। ध्वंसात्मक अग्नि-नेत्र के पास चंद्रमा की स्थिति, सृजन और संहार के भाव व्यक्त करती है। शिव की जटा में बहता हुआ गंगा-जल सृष्टि का कारण जल है, संसार की शुद्धि और मुक्ति के लिए वह इसे धारण किए हुए है।

शिव के हाथ का त्रिशूल दैहिक, दैविक और भौतिक कष्टों को दूर करता है। यह प्रकृति के तीन गुणों सत्त्वादि और त्रिकालों को भी व्यक्त करता है। दुष्टों के संहार के लिए यह शूल है।

शंकर महाकाल और कामारि भी हैं। सर्प, भस्म, डमरू और वृषभ शिव के इन्हीं रूपों को द्योतित करते हैं। विश्व कल्याण के लिए शंकर ने विषपान कर लिया; पर उनके अंगों व जटाओं में लिपटे विषधर मृत्यु के चलते-फिरते रूप हैं। सबका अंत याद दिलाते हैं; मृत्यु और विष पर शिव

का आधिपत्य भी बताते हैं। साँप समय के भी प्रतीक हैं, शरीर के भीतर छिपी यौन शक्ति भी व्यक्त करते हैं। इनके ऊपर कामारि का नियंत्रण मदन-दहन के रूप में सर्वविदित है। भस्म भी इसी दिव्य शक्ति को उजागर करती है। डमरू की आकृति शिव-पार्वती के लीला रत संयोग की स्थिति है। इनका वियोग प्रलय का कारण बनता है। डमरू के निनाद से ही तो वाणी और सृष्टि का प्राकट्य हुआ है।

धवल वृषभ भगवान् का वाहन है, उनकी ध्वजाओं पर भी वृषभ चिह्न अंकित रहता है। वृषभ धर्म और सृष्टि का प्रतीक है, तभी तो वृषोत्सर्ग किया जाता है। वृषभ नंदी भी कहलाता है—आनंद देनेवाला। यह सदा अपनी संगिनी की खोज में दौड़ता फिरता है; यह यौन शक्ति का चलता-फिरता रूप है। सामान्य व्यक्ति के नियंत्रण के बाहर का जीव है। वही इसे नियंत्रित रख सकता है या इस पर चढ़ सकता है, जिसने काम विजय कर ली है और वह मात्र भोलेनाथ हैं।

भूतभावन भगवान् काल-समय के अधिष्ठाता हैं। किसी कालखंड की याद या पहचान उस क्षण में प्राप्त आनंद या कोई अनुभूति होती है। लोग शादी का दिन क्या रात तक याद कर लेते हैं, क्योंकि यह विशेष आनंद का अवसर होता है। भोलेनाथ आनंद के स्वरूप हैं। तैत्तिरीय उपनिषद् में आनंद को ब्रह्म कहा गया है। आनंद को रस बताया गया है। रस ही ब्रह्म है—रसो वै ब्रह्म।

ब्रह्मा

ब्रह्मा रजोगुण के अधिष्ठाता हैं। इन्हें धाता, विधाता, स्रष्टा विरिंचि, कमलयोनि, चतुरानन आदि कहा गया है। सत्त्व गुण दिव्य, अलौकिक, एकात्मक, प्रकाशात्मक स्फूर्तिदायक संयोजन और संगठन के भावों को उदय करनेवाले केंद्रोन्मुख गुण होते हैं, तमोगुण इसके विपरीत, उदास, सुस्त, तमसाच्छन्न, विघटनकारी क्षरण शील, प्रलयात्मक भाव जगानेवाले क्षेत्रोन्मुखी भाव हैं। रजोगुण इन दोनों विरोधी वृत्तियों का संतुलन है। भाव

प्रवणता, कल्पना शीलता, सक्रियता—कुछ कर गुजरने की प्रवृत्ति रजोगुण में होती है। तीन मूर्ति में ब्रह्माजी इसके प्रतिनिधि और अधिष्ठाता हैं। वह ही सृष्टि की रचना करते हैं। सृष्टि के मूल में परम सुचिंतित क्रमबद्धता और कल्पनाशीलता है। जाग्रतावस्था में हम जो भी देखते, पाते या अनुभव करते हैं, वह विधाता की रचना है। सृष्टि के स्रोत विष्णु और शिव नहीं बल्कि ब्रह्मा हैं। ब्रह्मा सृष्टि के प्रथम प्राणी हैं, सृष्टि के निमित्त कारण हैं; वे हिरण्यगर्भ और प्रजापति भी हैं।

वेदों और बाह्मणों में ब्रह्मा का उल्लेख नहीं है; हिरण्यगर्भ और प्रजापति ही चर्चित हैं। कहीं-कहीं ब्रह्मा सर्वशक्तिमान बताए गए हैं, किंतु कालक्रम से विष्णु, जो वेदों में मात्र सूर्य रूप में आए हैं, आगे चलकर ज्यादा शक्तिमान हो गए हैं, ब्रह्मा को धकिया दिए हैं—उनको शक्तिहीन कर दिया है और उनकी सृजनशीलता पूर्णतः देवी शक्ति में अंतरित हो गई है।

ब्रह्मा की पूजा और प्रतिमा भी सर्वत्र सुलभ नहीं है। मात्र यज्ञादिकों में ही उनकी पूजा का विधान है, नवग्रहों के साथ भी पूज्य हैं। केवल अजमेर के पास पुष्कर में इनका एक मंदिर है। बताया जाता है, झूठ बोलने के कारण शिवजी ने इनकी पूजा न करने का शाप दे दिया। उन्होंने ही इनका एक आनन (मुँह) काटकर चतुरानन तो बना ही दिया था।

'हिरण्यगर्भः समवर्त्तताग्रे भूतस्य जातः पतिरेक आसीत्।' यजु. 25/10

सृष्टि के प्रारंभ में हिरण्यगर्भ उत्पन्न हुआ, उत्पन्न होते ही समस्त प्राणियों का स्वामी बन गया।

उस अकेले परमात्मा को एक से अनेक होने की इच्छा हुई, तदनुसार कारण जल में हिरण्यगर्भ प्रकट हुआ और वर्षों तक उस पर तैरता रहा। वह स्पंदन शक्ति रूप था। काल क्रम से उसमें विस्फोट हुआ, रयि और प्राण उत्पन्न हुए। इनसे सृष्टि प्रारंभ हो गई। प्रजापति के रूप में समस्त व्यक्त-अव्यक्त पदार्थों के निर्माता ब्रह्माजी हैं। उन्होंने देवता, असुर, मनुष्य

और सकल चराचर जगत् की रचना की।

पुराणों के अनुसार कारण जल में शेष-शय्या पर सोए भगवान् विष्णु के नाभि कमल पर ब्रह्मा उत्पन्न हुए। बहुत समय तक तप करके सृष्टि रचना की शक्ति प्राप्त की और सृष्टि रची।

ब्रह्मा की आकृति चतुर्मुख है। वह हंस पर चलते हैं। हंस ज्ञान का प्रतीक है। सरस्वती इनकी पत्नी हैं, वह भी हंस पर ही सवारी करती हैं। इनके चार हाथ तथा आठ कान हैं। इनके हाथों में या तो चारों वेद हैं या एक हाथ में वेद और तीन हाथों में यज्ञानुष्ठान के अन्य सामान।

सनक, सनंदन, सनातन और सनत्कुमार ब्रह्माजी के निवृत्ति परायण मानस पुत्र हैं। ब्रह्माजी के कहने पर भी इन्होंने सृष्टि वृद्धि नहीं की। मरीचि, अत्रि, अंगिरा, पुलस्त्य, पुलह, क्रतु, भृगु, वसिष्ठ, दक्ष, और नारद भी ब्रह्माजी के संकल्प मात्र से ही उत्पन्न हुए हैं। इन्होंने पर्याप्त सृष्टि विस्तार किया। अनेक भाव, विचार और संवेग भी ब्रह्माजी से उत्पन्न हैं।

वस्तुतः तीन मूर्ति में ब्रह्माजी की महत्त्वपूर्ण भूमिका है। ऐसे तो अस्तित्व और क्षरण में संतुलन बनाए रखना इनका मुख्य दायित्व है।

□

6

मध्य युग की तंत्र साधना

छठी से बारहवीं शताब्दी तक पूरे देश में तांत्रिक समुदायों की धूम थी। कश्मीर, पंजाब, राजपूताना और अफगनिस्तान तक नाथ संप्रदाय का बोलबाला था। बिहार के पूर्वांचल उड़ीसा और बंगाल में बौद्ध-सिद्ध और वाममार्गी प्रबल थे, असम में काल चक्र और कामाचार की साधना जोरों पर थी। संप्रदायों में भिन्नता होने पर भी साधना की एक सूत्रता और प्रधानता थी। सबकी नई पूजा पद्धतियों, देवी-देवताओं, अनुष्ठानों, यंत्रों का समन्वय तंत्रों के अंतर्गत हो रहा था। स्थूलतः तंत्र साधना के आचारों के दो भेद थे—वाम तथा दक्षिण।

योग और शाक्तमत प्राग्वेद माने जाते हैं। बौद्ध तांत्रिकों ने वस्तुतः अपना सूत्र शाक्तों से पकड़ा। शाक्त मत में शिव और शक्ति के संयोग से ही सृष्टि होती है। शिव निष्क्रिय और शक्ति प्रेरणा हैं। शाक्त का लक्ष्य मुक्ति नहीं, सिद्धि है। बौद्ध संघों में प्रविष्ट बहुलांश युवक-युवतियों के लिए कठोर ब्रह्मचर्य का पालन शिथिल हो गया, अपने स्खलन की सार्थकता के लिए उन्होंने बौद्धेतर तांत्रिक डोर पकड़ ली। वज्रयान और मंत्रयान का उदय हुआ।

वज्रयानियों ने महायान की शून्यता और करुणा को 'प्रज्ञा' और 'उपाय' के रूप में अपनाया; दोनों के संयोग को युगनद्ध-महासुख बताकर प्रत्येक साधक का अंतिम लक्ष्य ठहराया। महासुख को ही इन्होंने निर्वाण बताया।

गुह्य समाज ने लंबे-चौड़े सूत्रों को काट-छाँट कर संक्षिप्त मंत्र बना

दिए। यह मंत्रयान हुआ। काल-चक्र-तिथि, नक्षत्र, राशि की शुद्धि पर अधिक जोर देता था।

जब वज्रयान चारित्रिक संयम और दार्शनिक नियमन छोड़ अपनी त्रुटियों की सार्थकता साबित करने लगा, वज्रयान का ही एक संप्रदाय 'सहजयान' कहलाने लगा। दार्शनिक रूप में वज्रयान और सहजयान के अनुसार, सृष्टि बोधि-चित्त से बनी है। बोधि-चित्त शून्यता और करुणा का समन्वित रूप है। शून्यता-प्रज्ञा निवृत्ति और करुणा-उपाय प्रवृत्ति है। साधक की सिद्धि निवृत्ति और प्रवृत्ति को अभेद करने में है—दोनों को एक करने में है। प्रत्येक नारी प्रज्ञा और प्रत्येक पुरुष उपाय है। बोधि-चित्त की यह स्थिति महासुख है और पुरुष-स्त्री के समागम से ही यह संभव है।

कामाचार और वामाचार की एक ओर दार्शनिक परिभूमि तैयार होती रही, दूसरी ओर भोग की उन्मुक्त, निर्बंध और दुर्दम इच्छा पूरी होती रही। दक्षिण मार्गी प्रातः, संध्या, मध्याह्न जप, दुग्ध-शर्करा पान, ऊन के आसन रुद्राक्ष की माला और मात्र अपनी पत्नी से भोग से संतुष्ट रहे, वामाचारी नृदंत की माला कपाल का पात्र, कच्ची मछलियों का चर्वण, मांस भक्षण और सभी जाति की परस्त्रियों से मैथुन करने लगे। मद्य , मांस, मत्स्य, मुद्रा और मैथुन—पंच मकारों की साधना खुलकर होने लगी। भैरवी चक्रों का आयोजन होने लगा, शराब की नदियाँ बहने लगीं, साधक-साधिकाएँ मनोरथ सुख लूटने लगीं। पंच मकारों के सांकेतिक अर्थ भी दिए गए, भैरवी चक्रों में वर्णों का विचार नहीं था। उसमें भाग लेते ही सभी 'द्विजातयः' कहलाने लगते थे।

सिद्धों में अधिकांश निम्न वर्ग के थे। अपनी सिद्धि या चमत्कार द्वारा लोगों को डरा-धमकाकर या भगाकर स्त्रियों को लाते थे। भैरवी चक्र में रजकी, खपची, ब्राह्मणी, कैवर्त्तकी आदि का विशेष महत्त्व था। स्त्री इनके लिए नितांत भोग की वस्तु थी। धर्म-साधना में ये बराबर की सहभागिनी

नहीं, साधन मात्र थी। इनके संबंध में प्रेम भावना नहीं, पूर्ण वासना थी।

वैष्णव सहजिया संप्रदाय—देश के पूर्वी भाग में बौद्ध सहजयान का जोर था। इस भाग का वैष्णव संप्रदाय भी सहजिया आंदोलन से अप्रभावित नहीं रह सका। सोलहवीं–सत्रहवीं शताब्दी में बंगाल की उन्मुक्त प्रेम धारा ने चैतन्य के उपदेश को भी पीछे छोड़ दिया।

वैष्णव सहजयानियों ने विधि और निषेध दोनों को अप्राकृतिक माना। विहित या निषिद्ध दोनों प्रकार के कामों में मन पर दबाव अस्वाभाविक होता है। इंद्रियों पर हठपूर्वक नियंत्रण सुख का रास्ता नहीं है। महासुख के लिए मन का शांत, शीतल और स्थिर होना आवश्यक है।

वैष्णव सहजयान ने हठ योग की जगह सात्त्विक समाधि को स्थान दिया तथा राजयोग को अपनाया। बोधि–चित्त की जगह प्रेम ने ले ली। सहज स्वाभाविक प्रेम को इन्होंने सृष्टि का आदि तत्त्व व सहज माना। आदि तत्त्व प्रेम ने लीला के लिए अपने को रस और रति दो भागों में बाँट लिया। रूप प्रेम है, रति उसकी शक्ति। प्रेम कृष्ण है, रति राधा। रूप के भीतर स्वरूप है। स्त्री–पुरुष के लिए स्वरूप की पहचान जरूरी है, वही ध्येय है। स्वरूप ज्ञान से सहजानंद प्राप्त होता है। यह आनंद की उच्चतम अनुभूति है।

सहजिया संप्रदाय में वैधी नहीं, प्रेमानुगा भक्ति है, जिसमें परकीया प्रेम भी समादृत है। प्रत्येक परकीया राधा है और प्रत्येक साधक कृष्ण। भोजन की सात्त्विकता का इन पर कोई प्रतिबंध नहीं है। प्रसिद्ध बंगला कवि चंडीदास बहुत बड़े सहजिया थे।

नाथ संप्रदाय

नाथ संप्रदाय अतिशय प्राचीन है। गोरखनाथ इसके प्रमुख संघटक और उन्नायक थे। वे गुरु मत्स्येंद्र नाथ के शिष्य थे। यों नाथों का प्राबल्य पूरे देश में था। नाथों और बौद्ध सिद्धों की साधना भूमि चिर काल तक एक होने के कारण दोनों में बहुत मिश्रण हो गया था। गोरखनाथ ने शैव

प्रत्यभिज्ञा के आधार पर इसमें व्यापक सुधार किया। रूढ़ि विरोधी इसकी परंपरा उन्होंने कायम रखी, किंतु वामाचारों का बहिष्कार किया। इस संप्रदाय के अंतर्गत योग द्वारा काया को अजर-अमर बनाने पर जोर है; इस रसायन का स्रोत इन्हें पतंजलि के योगशास्त्र में मिलता है।

यह भी वर्णन है कि 'ह' प्राण वायु-सूर्य तत्त्व और ठ अपान वायु-चांद्र तत्त्व है। प्राणायाम से दोनों का निरोध ही हठ योग है। हठ योग में आसन, प्राणायाम, धौती आदि षट् कर्म का भी विधान है और यह भी है कि नाक के अग्रभाग में ध्यान लगाकर सूर्य के प्रकाश और अनेक रंगों व आभाओं पर केंद्रित हुआ जाए।

नाथ शब्द में सभी धर्मों के रक्षक, सभी बड़े देवताओं के अर्थ अंतर्भुक्त हैं। ये कनफटा योगी भी कहलाते हैं। इनकी अनेक शाखा-प्रशाखाएँ हैं। चमत्कार और मंत्र-टोने से जनता पर ये प्रभाव डालते हैं, डराते हैं। सारंगी पर गा-गा कर भी ये गाँवों में घूमा करते हैं।

□

7

भक्ति आंदोलन

भारत के धर्माकाश में मध्य युग का भक्ति आंदोलन एक क्रांति की तरह था। जीवन और जगत् को चूल-मूल झकझोरने वाली इस तरह की घटना न तो पहले हुई थी और न बाद में। इसके स्पष्ट प्रभाव अब तक दृष्टिगोचर होते हैं।

ग्रियर्सन ने इसे बिजली की कौंध माना है, जो सहसा धर्माकाश में सर्वत्र व्याप्त हो गई, किंतु यह नितांत भ्रांत धारणा है।

भक्ति ईश्वर के प्रति रति है, अनुरक्ति है और इस तरह के चिंतन वैदिक संहिताओं, उपनिषदों के विवेचनों एवं महाभारत के शांति पर्व में सर्वत्र वर्णित है। यज्ञ विरोधी महावीर की अहिंसा, जीव दया है और भगवान् बुद्ध की व्यापक करुणा में भक्ति तथा उपासना का ही महत्त्वपूर्ण स्थान है। उनके चिंतनों की पृष्ठभूमि संहिताएँ और उपनिषद् ही रहे हैं।

बुद्ध धर्म का तांत्रिक परिणीत, विभिन्न यानों का उदय, शुष्क वेदांतों, नीरस दर्शनों का मर्म भरा विवेचन, वर्द्धन राजवंश का पतन, केंद्रीय सत्ता का अभाव, छोटे-छोटे राज्यों का उद्भव और सर्वोपरि इन सबसे आम जनता की अरुचि ही नहीं, भयंकर घृणा; और इन समस्त विसंगतियों में फूट पड़े दक्षिण के आलवार संतों के नाम संकीर्तन भक्ति के अमृत स्वर। पाँचवी-छठी से नवीं शताब्दी तक नाम-संकीर्तन भक्ति का पूर्ण उत्कर्ष था। इसकी मधुर हिलोर ने उत्तर भारत को भी आप्लावित किया।

भक्ति दक्षिण उपजी, लाए रामानंद।'

बौद्धों के धार्मिक कोलाहल और पतनोन्मुख तांत्रिक परिणति के बीच आठवीं शताब्दी में आचार्य शंकर एक देवदूत से अवतरित हुए थे। उनका जन्म केरल के एक गाँव में हुआ। छोटी आयु में संन्यास लिया व धर्मशास्त्रों का अध्ययन किया। अटक से कटक आसेतु हिमाचल की यात्रा की, देश के चारों कोनों पर चार धामों की स्थापना की। उत्तर में दक्षिण और दक्षिण में उत्तर के शंकराचार्यों की परंपरा डाली। संन्यासियों के दशनामी अखाड़ों का उद्धार किया। पूरे देश में हिंदू धर्म के टिमटिमाते दीपक को आलोक-दीप्त किया, सर्वत्र हिंदुत्व की ध्वजा फहराई।

आचार्य शंकर ने वेदांत का गहरा अध्ययन किया। वेदांत सूत्र, गीता और कई उपनिषदों पर टीकाएँ लिखीं। संपूर्ण विश्व ब्रह्म से अनुस्यूत माना, व्याप्त माना, वैसे ही जैसे सोने से बनी कोई भी चीज सोने से भिन्न नहीं हो सकती। इन्होंने सूत्र दिया, 'सर्वं खल्विदं ब्रह्म।'

शंकराचार्य के बाद प्रस्थानत्रयी (उपनिषद्, गीता और ब्रह्म सूत्र) के ऊपर और शंकर के विरोध में टीकाएँ लिखने की एक परंपरा उठ खड़ी हुई; जितनी टीकाएँ लिखी गईं; उतने ही मत-वाद हुए—1. अद्वैत 2. विशिष्टाद्वैत 3. द्वैत 4. अचिंत्य भेदाभेद 5. द्वैताद्वैत 6. शुद्धाद्वैत। इनमें अद्वैत वेदांत ही सर्वत्र प्रधान है।

शंकर शिव के परम भक्त थे। शिव के अलावा दुर्गा, श्रीकृष्ण आदि के स्तुति स्वरूप अत्यंत ही मार्मिक श्लोक और प्रार्थनाएँ लिखीं। ब्रह्म के मूर्त-अमूर्त दोनों रूपों का अद्वैत प्रतिपादन करता है। शंकर ब्रह्म को नाम, रूप, उपाधि युक्त भी मानते हैं, नाम, रूप, उपाधि रहित भी। उपाधि की भिन्नता से ब्रह्म अनेक नहीं हो जाता।

ब्रह्मत्व की सिद्धि के लिए शंकर सदाचारी जीवन और भगवद् भक्ति पर जोर देते हैं। प्रेम की सर्वोच्च स्थिति में प्रेमी द्वय अभिन्न व अभेद हो जाते हैं। प्रभु प्राप्ति में भी हम तन्मय हो जाते हैं; मात्र आनंदमय हो जाते हैं।

उपनिषदों का ब्रह्मवाद और शंकर के शुष्क विवेचन लोगों को रिझा नहीं पाए। साकार, लोक रंजक विग्रह के अभाव में लोक रुचि अतृप्त रह गई। शंकर के अद्वैत और मायावाद का जमकर विरोध हुआ।

(रामानुज 1037-1137 ई.)

आचार्य रामानुज विशिष्टाद्वैत के श्रेष्ठ प्रवर्तक माने जाते हैं। नाथ मुनि के पौत्र यामुनाचार्य (आलबंदार) के पौत्र शैलपूर्ण के रामानुज भागिनेय थे। नाथ मुनि बारह तमिल भक्तों में, जिन्होंने तमिल वेद का उद्धार किया, आद्याचार्य थे। विशिष्टाद्वैत के दो उत्स हैं—संस्कृत वेद और तमिल वेद। इन भक्तों ने भक्ति के साथ वेद प्रतिपादित ज्ञान, कर्म और उपासना का समन्वय कर उसमें प्रपत्ति का अद्‌भुत छौंक लगाया है। रामानुज ने बादरायण के ब्रह्म सूत्र पर श्री भाष्य और गीता की टीका लिखी। वेदांतसार आदि ग्रंथों की रचना की। तर्क, अनुभव और श्रुति के आधार पर शंकर मत का खंडन किया। आलवार भक्तों के भक्ति-गीतों के भाव-पक्षों को शास्त्रीय आधार प्रदान किया। इनका संप्रदाय श्री वैष्णव कहलाया। इनका सूत्र भागवत धर्म के साकार विग्रह से जुड़ गया।

रामानंद इस संप्रदाय को उत्तर भारत में लाए। कबीर, दादू, नानक इस संप्रदाय के माने जाते हैं। पर वे निर्गुणोपासक थे। तुलसीदास पक्के विशिष्टाद्वैती थे और उनके दाशरथि राम पारब्रह्म परमेश्वर। राधास्वामी और दयानंद सरस्वती की भी विचारधारा ऐसी ही मानी जाती है।

विशिष्टाद्वैत के अंतर्गत तीन नित्य और स्वतंत्र पदार्थ हैं—परमात्मा, चित्त (जीव) और अचित्त (प्रकृति, जगत्)। अंतर्यामी रूप में परमात्मा जीव और प्रकृति में व्याप्त है। वह अंशी है और जीव-जगत् उसके अंश। जीव और प्रकृति से युक्त परमात्मा ही एकमात्र सत्य है।

अपने अंदर से बनाए जानेवाले मकड़ी के जाले की तरह ईश्वर भी स्वयं सृष्टि करता है। वह सृष्टि का उपादान और निमित्त कारण है। अतः सृष्टि सत्य है।

ब्रह्म या ईश्वर सत्, ज्ञान, आनंद, अनंत और सुंदर है। चित्त और अचित्त उसी पर आश्रित और उसी से नियंत्रित हैं। वह सशरीरी और उदात्त है।

जीव अणु, अव्यक्त, अचिंत्य, अगोचर, आनंदमय और चेतन है। इसकी स्थिति परमात्मा से सदा भिन्न रहती है। यह स्रष्टा और नियंता कभी नहीं हो सकता। सदा यह हृदय गुहा में रहता है।

प्रकृति अचेतन है। शुद्ध सत्त्व, मिश्र सत्त्व और सत्त्व शून्य इसके तीन प्रकार हैं। दूसरे शब्दों में सत्त्व शून्य काल तत्त्व है, मिश्र सत्त्व जगत् का उपादान है; इसमें रज और तम गुणों का मिश्रण है। यही माया है, प्रकृति है। शुद्ध सत्त्व को ही नित्य विभूति भी कहते हैं।

कर्म, ज्ञान और भक्ति ईश्वर प्राप्ति या मोक्ष के साधन हैं। भक्ति—निरंतर ईश चिंतन-भजन—ज्ञान तथा कर्म की पराकाष्ठा है और प्रपत्ति—ईश्वर-शरणागति—भक्ति की पराकाष्ठा है। यह दो तरह की होती है, बिल्ली के बच्चे की तरह या बँदरिया के बच्चे की तरह।

नारायण, व्यूह, विभव, अंतर्यामी तथा मूर्ति में से किसी में भी ईश्वर ध्येय है।

मुक्ति के भी चार प्रकार हैं सालोक्य, सामीप्य, सारूप्य और सायुज्य। विशिष्टाद्वैत में भी शिव, शक्ति और राम से संबंधित अलग मतवाद हैं।

अद्वैत की प्रतिक्रिया में मध्व स्वामी ने 1199 ई. में द्वैतवाद का प्रवर्त्तन किया। श्रुति और तर्क के आधार पर अद्वैत के अभेद का खंडन किया। बताया, संसार झूठा नहीं है और न जीव ब्रह्म का आभास मात्र। ब्रह्म को ही एकमात्र सत् इन्होंने नहीं माना। पंच-भेद का सिद्धांत भी निरूपित किया। 1. ईश्वर और जीव में नित्य भेद है। 2. ईश्वर का जड़ पदार्थ से भी नित्य भेद है। 3. जीव और जड़ पदार्थ में भी भेद है। 4. जीव-जीव में भी नित्य भेद है और जड़-जड़ पदार्थों में भी भेद है। श्रुतियों के महावाक्यों की मध्वाचार्य ने द्वैत परक व्याख्याएँ कीं, जैसे तत्त्वमसि का

अर्थ किया—तू उसका है, मतलब तुम वह नहीं हो। तुम में और उस में भेद है।

मध्वमत कन्नड़ और केरल आदि क्षेत्रों में ही अधिक प्रचलित हुआ।

जगत् और जगदीश के कार्य-कारण संबंधों का चिंतन चिरकाल से होता रहा है। बादरायण के पहले से ही चिंतन की एक क्षीण धारा द्वैताद्वैत के रूप में दिखती है, जिसे निंबार्क (11वीं शताब्दी) ने प्रखर रूप दिया। इसके मुताबिक ब्रह्म संसार से भिन्न भी है; अभिन्न भी। इसे ही भेदाभेदवाद भी कहा जाता है। जिस तरह घड़ा या आभूषण अपनी निर्माण सामग्री मिट्टी या सोने से अभिन्न है; किंतु बनावट और आकृति में उससे भिन्न है। उसी तरह ब्रह्म और संसार में भेद है भी, नहीं भी है। पर दोनों ब्रह्म और संसार नित्य सत्य हैं। निंबार्क भी ईश्वर, चित्त और अचित्त को ही परम तत्त्व मानते हैं। पर ये चित्त-अचित्त को परमात्मा की शक्ति मानते हैं, जबकि रामानुज इसे परमात्मा का अंग मानते हैं।

निंबार्क ईश्वर को सगुण, निर्दोष, सर्वत्र व्याप्त मानते हैं। वही नारायण, कृष्ण, परब्रह्म और पुरुषोत्तम हैं। निंबार्क के संप्रदाय ने कृष्ण और राधा को सर्वाधिक महत्त्व दिया। ऐश्वर्य प्रधान भक्ति की जगह माधुर्य प्रधान भक्ति की शिक्षा इन्होंने दी। इनके राधा-कृष्ण सखियों से घिरे हैं। गुरु नानक का तत्त्ववाद भी भेदाभेदवाद है, किंतु उनके ब्रह्म निर्गुण, सत्य और नाम हैं। वे सत्य नाम के उपासक हैं।

चैतन्य मत भी भेदाभेदवाद को मानता है, किंतु निम्बार्क से एक कदम आगे बढ़कर। उनके अनुसार, ईश्वर और जीव-जगत् का संबंध तर्कतः असंगत या व्याघातक है। ये शक्तियाँ अचिंत्य हैं। अतः उनके मत को अचिंत्य भेदाभेद या गौड़ीय वैष्णव मत कहते हैं।

षड् ऐश्वर्य युक्त हरि ही इस मत में चरम सत् हैं। राधा कृष्ण की युगल मूर्त्ति के रूप में हरि पूर्ण और उपास्य हैं।

शुद्धाद्वैत के संस्थापक और प्रमुख आचार्य वल्लभ हैं। आचार्य शंकर

के माया प्रबल ब्रह्मवाद और तर्क-युक्ति का वल्लभ ने विरोध किया। इनका ब्रह्म माया से रहित है। अतः कार्य-कारण दोनों रूपों में शुद्ध है। इसी से इनके मतवाद को शुद्धाद्वैत कहते हैं। कृष्ण ही ब्रह्म, परमात्मा या ईश्वर हैं। वे सविशेष हैं, पर निर्विशेष भी हैं, सगुण हैं, पर निर्गुण भी हैं—वे विरोधी गुणों के आश्रय हैं। जगत् प्रपंच उनकी लीला है।

जीव अणु है। वह ज्ञाता, कर्ता और अनंत है। वह सत्, चित्त और आनंद है, पर उसे अपने आनंद का अनुभव नहीं होता। अतः उसें दुःख और उससे बंधन होता है। ईश्वर की कृपा से ही उसे मुक्ति मिलती है और मुक्तावस्था में जीव का ब्रह्म से वास्तविक ऐक्य हो जाता है।

वल्लभ ने माना बिन हरि कृपा प्रभु का अनुग्रह नहीं मिलता—पोषणं तदनुग्रहः। अपने मत को उन्होंने पुष्टि मार्ग कहा। उन्होंने ब्रह्म सूत्र पर अणुभाष्य लिखा।

अष्टछाप के कवियों ने वल्लभ संप्रदाय की खूब सेवा और प्रचार किया। सूरदासजी उनमें प्रमुख और वल्लभ के शिष्य थे। उनके आदेश से सूर ने विनय के पदों को छोड़ कृष्ण लीलाओं की अद्‌भुत वर्णना की।

यह रही उन दर्शन-चिंतनों की वैचारिक परिभूमि, जो वेदों के समय से अब तक प्रबुद्ध वर्ग को झकझोरती रही थी। इसका एक व्यावहारिक पक्ष-लोकपक्ष भी था, सामान्य जन के स्तर पर जिसका विवेचन वांछित है।

भूरि दक्षिणावाले स्वर्गकामी या अभीष्टदायी यज्ञ सम्राटों और सभ्रांतों तक ही सीमित थे। सामान्य अभाव ग्रस्त जनता लुब्ध निगाहों से इन्हें देखती थी। उसकी भागीदारी मात्र श्रमिकों से अधिक कुछ न थी। उनका भविष्य असुरक्षित था, आध्यात्मिक प्यास अनबुझी। चिंतन प्रधान उपनिषदों की बौद्धिकता भी उन्हें तृप्त न कर सकी। ईश्वर के चरणों में प्रपत्ति-शरणागति ही इसका आधार बनी। असंख्य लोगों की हार्दिक भावनाएँ अजस्र भक्ति स्रोत के रूप में फूट पड़ी थीं। आलवार संतों में अधिकांश

समाज के निम्न और निर्धन वर्ग के थे, किंतु उनकी भक्ति की पूँजी काफी जबरदस्त थी। वैष्णव संप्रदाय ने उन्हें अपनाया, मंदिरों में पूज्य बनाया। रामानुज ने संघर्ष के तत्कालीन स्वरूप का वर्णाश्रम में संतुलन बनाया। कर्म, ज्ञान और भक्ति तो द्विजों तक ही सीमित रखीं; प्रपत्ति-शरणागति का दरवाजा सबके लिए खोले रखा। यों इनके पूर्व वेदव्यास ने महाभारत के द्वारा स्त्रियों और शूद्रों के लिए भी धर्म का दरवाजा खोला था।

रामानंद (1299 ई.) रामानुज परंपरा की चौथी पीढ़ी में हुए। काशी में श्री संप्रदाय में दीक्षित हुए। श्री संप्रदाय में विष्णु और लक्ष्मी पूज्य थे। रामानंद ने रामोपासना का प्रवर्तन किया। इनके राम सगुण और निर्गुण दोनों हैं। प्रस्थानत्रयी पर भाष्य लिखा। इनकी वेदांत-सूत्र की टीका आनंद भाष्य कहलाई। राम को इन्होंने ब्रह्म का पर्याय माना। इन्होंने रामोपासक वैरागियों का संगठन किया। उसका दरवाजा शूद्रों और मुसलमानों के लिए खुला रखा। राम भक्ति का संस्कार रामानंद ने दक्षिण भारत की लंबी यात्रा से ग्रहण किया था। तत्कालीन समाज के उत्थान के लिए इन्हें ओज और पौरुष युक्त राम जैसे आराध्य की आवश्यकता थी, जो 'अग्रतः सकलं शास्त्रं पृष्ठतः सशरं धनुः' हों, जो चरित्र और सौमनस्य की दृष्टि से उच्च, उदात्त और आदर्श हों। वाल्मीकि के राम को ही आराध्य का कलेवर दिया।

भक्ति युग की काव्य-साधना तो सर्वोत्कृष्ट थी ही, इस आंदोलन ने संपूर्ण सांस्कृतिक चेतना, सामाजिक चेष्टा और कलात्मक अभिव्यक्ति को झकझोर दिया था। इसके अमिट प्रभाव आज भी दृष्टिगोचर हैं। काव्य-साधना की दृष्टि से इस युग के अधिकांश कवि किसी काव्य-शास्त्र के पंडित नहीं थे, न ही किसी छंद-बंध में निबद्ध। उनकी कविताएँ सच्चे हृदयों की उद्गारें थीं, जो सीधे हृदय से निकलकर दूसरों के मर्म को स्पर्श करती थीं। उनका तप:पूत व्यक्तित्व साधना और अनुभूति से ऋद्ध था।

मध्य युग के कवियों में सब से पहले निर्गुनिया कवि आते हैं। इस

भाव धारा के प्रवर्तक कबीर दास (1399-1518 ई.) माने जाते हैं। यों, रैदास, कमाल, नानक, दादू आदि का महत्त्व कुछ कम नहीं। गुरु नानक ने तो एक व्यापक संप्रदाय ही चलाया। इनकी सामान्य विशेषता निराकार की आराधना है, इनके आराध्य सत्त्वादि गुणों से रहित हैं। ये वर्णाश्रम-जाति, पाँति छुआछूत और ऊँच-नीच का भेद-भाव नहीं मानते थे। इन्होंने उन लोगों तक भक्ति का संदेश पहुँचाया, जिनके लिए धर्म का दरवाजा अब तक अवरुद्ध था।

कबीर के बारे में सामान्य धारणा थी, मुस्लिम संस्कार, हिंदू वेदांत, सूफी संप्रदाय और नाथ पंथियों की सुनी-सुनाई बातों पर इन्होंने कविता का अनगढ़ बेमेल महल जोड़ा था। अनपढ़ तो ये थे ही, किंतु अध्ययन और अनुसंधानों से यह बात बेमानी हो गई है। संभवतः इनका जन्म नाथपंथी जुगीवंश में हुआ था। इनके पीछे नाथों और सिद्धों की सुव्यवस्थित परंपरा थी, जिसका इन्होंने खुलकर उपयोग अपनी उलटवांसियों में किया है।

हिंदु और मुसलमान दोनों के पाखंडों तथा मिथ्याचारों का कबीर ने विरोध किया। अनुभूति जन्य रहस्यवाद को दोहा, शब्द और साखियों में व्यक्त किया। हिंदुओं के लिए कहा—

पाहन पूजै हरि मिलें, तो मैं पूजूँ पहार।
ताते यह चक्की भली, पीस खाय संसार॥

मुसलमानों के लिए इनकी फटकार थी-

कंकड़ पत्थर जोरि के, मसजिद दियो बनाय।
ता चढ़ि मुल्ला बाँग दे, बहिरो हुआ खुदाय॥

कबीरदास ने स्वामी रामानंद से तारक मंत्र राम-नाम की दीक्षा ली थी, किंतु इनके राम दाशरथि राम न थे। वह निर्गुण, निराकार व सर्वत्र व्याप्त थे। इन्होंने कहा—

दशरथ के घर ब्रह्म न जनमे
ईछल माया कीन्हा

सच्चे कवि की रस सिद्ध वाणी से संपन्न यह अकेला कवि भक्ति काल को हिंदी का स्वर्ण युग सिद्ध करने में समर्थ है।'' ठीक ही कहा है—

तुलसी कागज के पन्नों को
तुलसी दल जैसा बना गया।

राम-भक्ति का सघन क्षेत्र राम की जन्म-भूमि अवध ही रहा, किंतु जिस भक्ति ने आसाम-बंगाल से गुजरात तक रस-सिक्त कर दिया, वह प्रेम प्रधान कृष्ण भक्ति थी। कई संप्रदायों-पुष्टि मार्ग, गौड़ीया वैष्णव, सखी संप्रदाय, राधा वल्लभी आदि ने वृंदावन और गोकुल को केंद्र बना, देश भर में कृष्ण-भक्ति का संगठित प्रचार किया। आज के युग में भक्ति वेदांत स्वामी प्रभुपाद ने इस्कॉन—हरे राम-हरे कृष्ण-आंदोलन के माध्यम से कृष्ण-भक्ति को अंतरराष्ट्रीय आयाम दिया है।

निंबार्क और चैतन्य महाप्रभु ने जिस भाव प्रवण माधुर्य भक्ति की रस धार बहाई, सर्वप्रथम वह जयदेव के गीत गोविंद में प्रस्फुटित हुई।

राधा-कृष्ण की निकुंज लीला और केलि विहार का माधुर्यपूर्ण उन्मुक्त चित्रण किया, उद्घोषणा भी की—

यदि हरि स्मरणे सरसं मनो
यदि विलास कलासु कुतूहलम्।
मधुर कोमल कांत पदावलीं
शृणु तदा जयदेव सरस्वतीम्॥

हिंदी में कृष्ण काव्य धारा सब से पहले मिथिला की अमराइयों में मैथिल कोकिल, अभिनव जयदेव विद्यापति के स्वर में गूँज उठी—

नंदक नंदन कदंब का तरुतर
धीरे-धीरे मुरली बजाव।
समय सकेत निकेतन बइसल
बेरि-बेरि मोहि बोलाव॥

विद्यापति के पदों में मधुर भक्ति भी है; शृंगार का उत्कर्ष भी।

कृष्ण-भक्ति का सर्वाधिक प्रचार अष्टछाप के कवियों ने किया। सूरदास, कुंभनदास, परमानंद दास, नंददास प्रमुख हैं। अन्य विशिष्ट कृष्ण भक्त कवियों में रसखान का स्थान ऊँचा है। सूरदास वल्लभाचार्य के दीक्षित शिष्य थे। श्रीकृष्ण के बाल्य रूप का अद्भुत और प्रभूत वर्णन इन्होंने किया है। काव्य के भाव, भाषा और शिल्प की दृष्टि से सूर सागर बेजोड़ काव्य है। भागवत के दशम स्कंध की कथा—कृष्ण जन्म, असुरों का वध, गोचारण, गोवर्द्धन धारण, महारास, कंस वध आदि का बड़ा ही भव्य और उदात्त वर्णन महाकवि ने किया है। उद्धव-संदेश, भ्रमर-गीत और रुक्मिणी विवाह का विदग्ध, भावपूर्ण और मार्मिक चित्रण हुआ है। इन्होंने ब्रजभाषा को महिमा मंडित किया है। युग चेतना की उन्हें सही पहचान थी। बड़ी गहराई और स्थायित्व से आपने युग को प्रभावित किया है। गीति काव्यों के माध्यम से आपने मानव की सौंदर्य वृत्ति को परिष्कृत किया है। हिंदी काव्य की कृष्ण-भक्ति शाखा अत्यंत समृद्ध और उत्कृष्ट है। वर्षों तक इसने संगीत, काव्य, चित्र और कला को प्रभावित किया है। समग्र भारतीय जीवन कृष्ण लीलाओं से ओत-प्रोत है।

समस्त संप्रदायों और मतवादों से अलग अनन्य भक्त के रूप में मीरा गाती रहीं, 'मेरे तो गिरधर गोपाल, दूसरो न कोई' उनके भगवत् प्रेम की पीर और दीवानगी राज प्रासादों से निकलकर सामान्य जनता तक पहुँची थी।

जगन्नाथ दास रत्नाकर ब्रजभाषा के कृष्ण भक्तों की अंतिम कड़ी-सा दिखते हैं। यों कृष्ण काव्य की व्यापक परंपरा हरिऔध और मैथिली शरण गुप्त तक स्पष्ट है। हाँ, इनकी भाव भूमि कुछ सुधारवादी और आधुनिकता की गंध लिए है।

कृष्ण की व्यापकता और रसात्मकता आज के कवियों-लेखकों को भी प्रचुर सामग्री और प्रेरणा देती रही है।

भक्ति काल में प्रेम मार्गी (सूफी) कवियों की एक अलग परंपरा रही है। इस धारा के सभी कवि मुसलमान रहे हैं और काव्य के विकास में इनका योगदान किसी दृष्टि से न्यून नहीं है। अब तक सूफी और औलिया फकीर समाज में घूमने लगे थे। देशी मुसलमानों का पुराना संस्कार किसी-न-किसी रूप में उनमें विद्यमान था। इस काव्य का उत्स और प्रेरणा, उपमा और उपमान विदेशी होते हुए भी वेदांत दर्शन-चिंतनों का इनमें अद्‌भुत मिश्रण था। ये किसी संप्रदाय के प्रचारक तो थे नहीं, न इनमें भक्ति का कोई तत्त्व ही था। पर इनकी रचनाओं में रूमानी आकर्षण, मांसल प्रेम की चेष्टाएँ और ज्ञाताज्ञात के प्रति विचित्र लगाव दिखता है। इन कवियों ने कथ्य और शिल्प के रूप में विदेशी हाव-भाव और शैली जरूर अपनाई, पर देशी लोक गाथाओं या प्रेमाख्यानों को लेकर उन्हें आत्मीयता, अलौकिकता और रसात्मकता से भर दिया है। कुतबन, मंझन, जायसी, उसमान, कासिम शाह आदि ने स्थानीय प्रेमाख्यानों और कथा-रूढ़ियों में साहित्यिकता भरकर इस धारा को समृद्ध किया है।

जायसी एक चोटी के कवि हैं। 'पदमावत' उनका महाकाव्य है। कोई सांप्रदायिक या सैद्धांतिक आग्रह उनमें नहीं है। उनकी कविता शुद्ध हृदय की उद्‌गार है, सब के लिए समान रूप से आस्वाद्य है। रत्नसेन, पद्‌मिनी और अल्लाउद्‌दीन के आख्यान ने इसे और महिम्न बना दिया है।

भक्त कवियों ने हिंदी काव्य और संगीत की अमिट श्रीवृद्धि की है, उसका सर्वांगीण विकास किया है, गरिमा प्रदान की है। सबसे बड़ी बात चारों धाराओं में ब्रह्म की अद्वैतता में सब का अलग-अलग विश्वास है। अलग-अलग दार्शनिक पृष्ठभूमि, चिंतन विधा, पूजा-अर्चन आदि कर्मकांड की विभिन्न पद्धतियों में भिन्नता के बावजूद इनमें कटुता का सर्वथा अभाव और विलक्षण साम्य है। सबके अपने इष्टदेव और गुरु के प्रति अनन्य समर्पण और आदर-श्रद्धा का भाव है। सबसे बड़ी बात इन अगणित भक्त कवियों की विविधता के बावजूद इन लोगों ने जिन जीवन मूल्यों, वैयक्तिक

या सामाजिक मर्यादाओं का उद्घाटन और संस्थापन किया, उनमें कोई मौलिक भेद नहीं है।

समाज रचना में भी भक्त कवियों का अवदान महान् है। वस्तुतः भक्ति काल हिंदी साहित्य का स्वर्ण युग है। भक्ति आंदोलन ने समग्र भारतीयता को प्रभावित किया है।

□

8

श्रीमद्भागवत का कथा-विन्यास तथा काव्य वैभव

श्रीमद् भागवत विश्व साहित्य का एक अनुपमेय ग्रंथ है। कृष्ण भक्ति का यह प्राण-तत्त्व है, पुष्टि संप्रदाय में इसे पंचम वेद माना जाता है। श्रीकृष्ण की अनंतता, ईश्वरता और परमोच्चता का अध्यात्म की भावभूमि पर इसमें निर्बाध वर्णन हुआ है और वह भी श्रीकृष्ण की बाल लीलाओं के माध्यम से।

विश्व साहित्य में कोई भी दूसरा ग्रंथ नहीं, जिसमें पार ब्रह्म परमेश्वर निपट अनाड़ी और गँवार ग्वालबालों, गोप-गोपियों के साथ सहज मानवीयता के साथ नाचे-गाएँ, गाय चराएँ और तरह-तरह की क्रीड़ाएँ करे। भला कौन ऐसा घर होगा, जिसके द्वारा चोरी किए जाने की गृहणी आनंदमय प्रतीक्षा करें, चोर माखन के लोभ में केवल स्वयं नहीं, अपने साथियों के साथ नाचे, गाए।

पार ब्रह्म परमेश्वर मटकी फोड़े जाने के अपराध में एक सामान्य गोपी की तनी हुई भंगिमा देख थर-थर काँपने लगे। रस्सी में बँध जाए और तरह-तरह की लीलाएँ करें। यह भागवत की सर्वजन सुलभता है।

भागवतकार ने बड़े सहज ढंग से वंदना के स्वरों में सत्य की स्थापना को भागवत का उद्देश्य बताया है—

'सत्यं परमं धीमहि'

भागवत में किसी देव विशिष्ट की स्थापना का प्रयत्न नहीं है, किंतु लगता है कि श्रीकृष्ण की परमेश्वरता ही प्रतिपाद्य है। कहा जाता है कि भागवत की रचना कल-कल करती पश्चिम वाहिनी नर्मदा के पावन तट पर हुई थी। रचनाकार ने बड़े ही निराले ढंग से कथा विन्यास किया है।

भारत का एक चक्रवर्ती सम्राट् आखेट हेतु जंगल जाता है, उसे प्यास लगती है। पानी की खोज में वह इधर-उधर भटकता है कि उसे एक ऋषि आश्रम दिखता है। वह जल पाने की अभिलाषा से वहाँ जाता है। उसे तपस्यारत एक यति दिखते हैं। वह पीने के लिए जल माँगता है। साधना की उच्च भाव भूमि पर वह यति राजा की आवाज नहीं सुनते। राजा को भ्रम होता है, यति ढोंग कर रहे हैं और जान-बूझकर उसे अनसुनी कर रहे हैं। वह क्रोध से लाल हो जाते हैं। इधर-उधर आँख दौड़ाने पर उन्हें एक मरा साँप दिखाई देता है। राजा साँप को यति के गले में लपेट लौट जाते हैं। ऋषि पुत्र मरे साँप को अपने पिता के गले में लपेटे जाने की घटना से संतप्त हो उठते हैं। हाथ में संकल्प जल ले, राजा को शाप देते हैं कि वही साँप जीवित होकर राजा को डसेगा और उनकी मृत्यु हो जाएगी।

ऋषि ने शाप की घटना का अभिनंदन नहीं किया, बल्कि अपने बेटे को राजा का अपराधी बताया।

घर आ, राजा ने ज्यों ही सिर से स्वर्ण मुकुट उतारा, त्यों ही उन्हें अपना अपराध बोध हुआ। मुकुट में ही तो कलयुग बैठा था और राजा के पतन का अवसर खोज रहा था। राजा सोचने लगे, भारत का सम्राट् यदि अपने देश के बुद्धिजीवियों और साधकों के साथ ऐसा व्यवहार करे, सामान्य नागरिक का आचरण कैसा होगा? अपने नीच और अनर्थ कार्य के लिए स्वयं को कोसने लगे। अपने गलत कार्य के लिए ब्राह्मण की क्रोधाग्नि में अपनी सेना और ऋद्ध कोश के भस्म हो जाने की कामना की। वह गंगा तट पर आमरण अनशन पर बैठ गए। उनके इस निश्चय को सुन अनेकों देवर्षि, ब्रह्मर्षि और तपस्वी वहाँ जुट गए।

राजा ने उनसे अनुनय किया कि वे उन्हें भगवान् की लीला कथाएँ सुनाएँ, साथ ही आशीर्वाद माँगा। उन्हें जिस किसी भी योनि में जन्म लेना पड़े। भगवान् अनंत के चरणों में उनका अनुराग बना रहे, भगवान् के भक्तों में रुचि हो और सर्वजीव समभाव निरंतर बना रहे। ऐसी बातें हो ही रही थीं कि सांसारिकता से विरत, निरपेक्ष और निस्पृह दिगंबर वेश में अवधूत शुकदेवजी प्रकट हो गए। राजा ने उन्हें आसन पाद्य, अर्घ्य दिया—उचित सम्मान किया। उनके चरणों में प्रणाम करके पूछा, मरणासन्न व्यक्ति को क्या भजन-कीर्तन करना चाहिए? इन्हीं प्रश्नों का समाधान भागवत का कथ्य है, विषय है और प्रतिपाद्य है। यही श्रीकृष्ण के ब्रह्मत्व की स्थापना है।

श्री शुकदेवजी ने भगवान् के विराट्, सूक्ष्म और स्थूल रूपों का वर्णन किया। सद्यः मुक्ति और सृष्टि विषयक सत्यों की कथा, भगवान् के अवतार लीलाओं का उद्घाटन किया। सूर्यवंश और चंद्रवंश का वर्णन तो किया ही, राजा के पूछने पर यदुवंश और श्रीकृष्ण की लीला कथाओं का रहस्यमय उद्घाटन किया।

रास पंचाध्यायी भागवत का प्राण है—चाँदनी धुली रात में यमुना के पुलिनों पर भगवान् ने गोपियों का नाम लेकर वंशी बजाई। सुध-बुध खोकर गोपियाँ श्रीकृष्ण के पास पहुँचीं। रास तथा महारास हुआ और खूब जमकर हुआ। भगवान् के रास तथा महारास में तब तक प्रवेश नहीं मिलता, जब तक मन, प्राण, शरीर पवित्र नहीं होते। इसके लिए पंचशुद्धि की आवश्यकता होती है।

चीरहरण का आख्यान बताया गया है कि मन में तनिक भी कल्मष रहने पर रास में प्रवेश नहीं मिलता। चीरहरण भगवान् से एकरूपता को आत्मसात् करता है। मन की रही-सही दुर्भावनाओं को भी वस्त्रों का आक्षेप मिलने नहीं देता।

भागवत में राधा का नाम कहीं नहीं आया है। वह श्रीशुकजी की गुरु

हैं और उन्होंने ही शुकजी को श्रीकृष्ण से मिलाया। श्री राधा का नाम सुनते ही शुकजी समाधि में चले जाते हैं। मुक्ति की कामना से अनशन पर बैठे राजा को सात दिनों में ही मुक्ति दिलानी है। यदि इस समय शुकजी समाधि में चले जाते तो राजा को कैसे मुक्ति दिला पाते?

रास-नृत्य में एक गोपी जिसका नाम नहीं आया है, पर श्रीकृष्ण की विशेष कृपा होती है। अन्य समस्त गोपियों को छोड़, उस गोपी को ले घने जंगल की ओर चल देते हैं। उन्होंने गोपियों का अभिमान भंग करने के लिए ऐसा किया, अन्य गोपियाँ उन्हें ढूँढ़ने लगती हैं।

वह बड़े योग से भाव-विगलित रोने और गाने लगती हैं, जो भागवत में 'गोपी गीत' के नाम से प्रसिद्ध है। यह उतना ही मार्मिक है, जितना करुण।

बालुकामय मार्ग पर श्रीकृष्ण के पदचिह्नों को देखती हुई गोपियाँ बड़े ही सूक्ष्म ढंग से उन्हें ढूँढ़ती हैं। कुछ दूर तक उन्हें चार चरण चिह्न दिखते हैं। अचानक दो चरण चिह्न गायब हो जाते हैं। वे सोचती हैं, उस थकी-माँदी गोपी को कुछ दूर जाने के बाद श्रीकृष्ण उस सौभाग्यवती गोपी को अपने कंधे पर बैठा लेते हैं। आगे उन्हें मल्लिका द्रूम के पास दो चरणों के अग्रभाग बालू में अधिक धँसे दिखते हैं। वह सोचती है, कृष्ण ने उस गोपी के लिए फूल तोड़े हैं, इसलिए ऐसा हुआ है। वह उस गोपी के भाग्य पर तरस खाती है। उनसे छिपने के लिए श्रीकृष्ण और घने जंगल में चले जाएँगे, उनके पैरों में काँटे धँस जाएँगे। वह श्रीकृष्णमय हो जाती है और सब मिलकर वहीं गाने लगती हैं। यह उन्हें श्रीकृष्ण के भगवान् रूप से जोड़ देता है। श्रीकृष्ण प्रकट होते हैं, फिर जमकर नृत्य-गीत होता है। यह आत्मा से परमात्मा के मिलन का अत्यंत ही मनोहर और हृदयग्राही वर्णन है।

यही तो भागवत का कथा संयोजन है—कथा विन्यास है। वस्तुतः रास पंचाध्यायी भागवत का प्राण है, निगम कल्पतरु का परिपक्व मीठा

फल है। यह काम विजय का महा महोत्सव है।

भागवत में ब्रह्म, इंद्र और वरुण के पराभव का आख्यान है। यह श्रीकृष्ण की महत्ता सिद्ध करने के लिए की गई है।

उद्धवजी की ब्रज यात्रा ज्ञान कांड पर भक्ति की विजय है। ज्ञान दर्प में उद्धवजी अपने को महाज्ञानी समझते थे, ब्रज की गोपियों की भक्ति और प्रेम में सराबोर पा उद्धवजी का ज्ञान दर्प काफूर हो गया। लौटते समय मार्ग में उद्धवजी प्रार्थना कर रहे थे—हे भगवान्, अगले जन्म में उन्हें वृंदावन की कोई लता वृक्ष या दूर्वा-दल ही बना दे, ताकि भक्ति पूत गोपियों की चरण धुलि उड़-उड़कर उन पर पड़ती रहे और उनका जीवन सार्थक हो जाए।

रुक्मिणी हरण की घटना भागवत में करुण और रौद्र रस का अद्‌भुत मिश्रण है। उन दिनों समस्त भारत दो खेमों में विभक्त था—सद् और असद्। सद् का नेतृत्व श्रीकृष्ण कर रहे थे। उनके झंडे के नीचे पांडव, पांचाल, विराट् आदि थे तथा असद् का नेतृत्व जरासंध के हाथों में था, जिसके अंतर्गत कौरव, अंगराज कर्ण, शकनि, जयद्रथ तथा रुक्मिणी शिशुपाल आदि थे।

रुक्मिणी ने श्रीकृष्ण का पति रूप में वरण किया था। उसका भाई उसका विवाह शिशुपाल से करना चाहता था। रुक्मिणी ने अपने परम विश्वस्त ब्राह्मण सुदेव द्वारा श्रीकृष्ण को प्रणय संदेश भेजा। श्रीकृष्ण शार्दूल की तरह वहाँ पहुँचे, रुक्मिणी को द्वारका लाकर विधिवत् पाणिग्रहण किया।

भागवत में आया श्रीकृष्ण-सुदामा की मित्रता का आख्यान, उनकी मित्रता- भक्त वत्सलता और उद्धार की कहानी है, गुरुकुल में एक साथ पढ़े श्रीकृष्ण राजसी वैभव में जीवन व्यतीत करते थे। सुदामा नितांत निर्धनता में संयम-नियम पूर्वक उनकी आराधना करते थे। पत्नी के बार-बार कहने पर सुदामा, जिन्होंने अपनी इच्छाओं और इंद्रियों का अच्छी तरह से दमन किया था, बड़ी मुश्किल से श्रीकृष्ण के दरबार में पहुँचे। भगवान् ने उनका

अतुलित सम्मान किया, सुखपूर्वक अपने महल में रखा और फिर वैभव तथा भोग उन्हें भेंट किए। यह आदर्श मित्रता की खुली कहानी है, जो बताती है कि सच्ची मित्रता के बीच में धन, वैभव और उच्च पद आड़े नहीं आते।

आगे के अध्यायों में भगवान् के शौर्य-विक्रम का वर्णन है। शास्त्र की विधि-निषेध और मार्गदर्शन की अभिव्यक्ति है।

श्रीमद्भागवत के प्रथम खंड के प्रारंभिक अध्यायों में अनेक कथा आख्यानों द्वारा भगवान् के अवतारों और भक्ति का माहात्म्य बताया गया है।

सरस्वती नदी के तट पर भारी मन से बैठ व्यासदेवजी सोच रहे थे कि महाभारत, पुराण आदि ग्रंथों की रचना करने तथा धर्म के मर्म को सामान्य जनता के लिए खोलकर रख देने के बाद भी उनका मन अशांत क्यों है। सहसा वहाँ उनके गुरु नारदजी पहुँचे। पूछा—क्यों व्यास, तन और मन से स्वस्थ और प्रसन्न तो हो? तुम्हारे मुँह पर विकलता और अपूर्णता छाई हुई है।

व्यासदेवजी ने कहा, 'यही तो समस्या है। महाभारत आदि महाग्रंथों की रचना के बाद भी मेरा मन अशांत और विकल है।' नारदजी हँसे, कहा, 'तुमने अब तक किया ही क्या? केवल अपने वंश का शौर्य और गुणों का ही तो वर्णन किया है। जिस साहित्य में हरिनाम संकीर्तन नहीं होता वह कौए के जूठे भोजन जैसा है। अतः तुम भगवान् की लीला कथाओं का समाधि द्वारा स्मरण कर वर्णन करो, व्यासदेवजी कृत्य-कृत्य हो गए। उनके मुखारविंद से फूट पड़ा 'जन्माद्यस्य यतः' और फिर भगवान् की लीला कथाएँ निःसृत होने लगी। उन्होंने नारदजी के पूर्व चरित्र सुने। अश्वत्थामा द्वारा उसके ब्रह्मास्त्र का प्रयोग, अर्जुन द्वारा उसका पराभव और गुरुपुत्र समझकर द्रौपदी द्वारा उसे क्षमादान एक माता का आदर्श चरित्र प्रस्तुत करता है।

सांकेतिक होते हुए भी कलियुग दमन का आख्यान अपने आप में अत्यंत महत्त्वपूर्ण है। परीक्षित के राज्याभिषेक के पूर्व कलियुग आ गया था और धीरे-धीरे अपना पैर पसार रहा था। यशोधन अर्जुन के पौत्र ने कलियुग का दमन प्रारंभ किया उनके आक्रमण से आक्रांत कलियुग कहीं भी त्राण नहीं पा सका। अंततः वह राजा परीक्षित के चरणों में झुक गया। कहा, 'राजन् आप तीर-धनुष लिए हमारे सामने दिखते हैं। मुझ में भी कुछ गुण है। हमारे युग में थोड़ी सी पूजा आराधना पर भी मुक्ति फल मिल जाता है। भगवान् के रूप, गुण, लीला, धाम और उनके नाम के श्रवण मात्र संकीर्तन ध्यान-पूजन से वे आकर मनुष्य के अंतःकरण में वह विराजमान हो जाते हैं। सभी दुर्गुणों की खान मात्र नाम संकीर्तन से पवित्र हो जाता है। उसके अशुभ मिट जाते हैं और शुभ की प्राप्ति होती है। कलियुग में केवल भगवान् के संकीर्तन से सारी आसक्तियाँ मिट जाती हैं और परमात्मा की प्राप्ति होती है।'

राजा ने उसे बसने के लिए चार स्थान दिए—द्यूत, मद्यपान, स्त्रीसंग और हिंसा। इन स्थानों में क्रमशः असत्य, मद, आसक्ति और निर्दयता बसती है। कलियुग इससे संतुष्ट नहीं हुआ। वह एक और स्थान चाहता था। राजा ने उसे स्वर्ण भी दे दिया। वह यही तो चाहता था, ताकि राजा को पतन के गर्त में डाल सके और हुआ भी यही कि स्वर्ण मुकुट धारण कर राजा ने जघन्य पाप कर दिया। कलियुग का दमन करते-करते परीक्षित का अपना ही दमन और पतन हो गया।

अन्य पुराणों की कथाओं की तरह ही भागवत के कलेवर का निर्माण, सृष्टि का वर्णन, राजवंशों खासकर सूर्यवंश और चंद्रवंश का इतिहास, धर्मोपदेश, भगवत्स्वरूप आदि के द्वारा हुआ है। इसमें सर्ग, विसर्ग, स्थान, पोषण, उति मन्वंतर, ईशानुकंपा, निरोध, मुक्ति और आश्रय इन दस विषयों का समावेश है। भागवत का कथा विधान हृदयग्राही और मनोहर है। भागवत वैष्णव जन का परमप्रिय ग्रंथ है।

काव्य वैभव

कविता हृदय से निकलकर हृदय में समा जाए, यही उसकी सफलता है। हरिनाम संस्पर्श उसे अक्षय बनाता है। श्रीमद्‌भागवत का काव्य पद-पद पर लालित्य मंडित है। अंतःकरण को छूता है। भागवत का मंगल श्लोक ही मन की मुँदी कलियों को खोलने लगता है—

जन्माद्यस्य यतोऽन्वयादितरतश्चार्थेष्वभिज्ञः स्वराट्
तेने ब्रह्म हृदा य आदिकवये मुह्यन्ति यत्सूरयः।
तेजोवारिमृदां यथा विनिमयो यत्र त्रिसर्गो मृषा
धाम्ना स्वेन सदा निरस्तकुहकं सत्यं परं धीमहि॥ भा. 1/1/1

व्यासदेवजी की समाधिदर्शन की इस रचना में कवि ने स्पष्ट स्वीकारा है कि यह न तो उनकी मौलिक रचना है और न किसी ग्रंथ का अनुवाद है। यह तो अनेकशः निगम और आगमों से संकलित किया गया है और यह निगम कल्पतरु का पका, मीठा फल है—

निगमकल्पतरोर्गलितं फलं
शुकमुखादमृतद्रवसंयुतम्।
पिबत भागवतं रसमालयं,
मुहुरहो रसिका भुवि भावुकाः॥ भा .1/1/3॥

कितनी ललित काव्य योजना है—

शुकदेवजी का यज्ञोपवत संस्कार नहीं हुआ है, फिर भी वह संन्यास लेने के लिए पिता की इच्छा के विपरीत चल पड़े हैं। पीछे से व्यासदेवजी कातर स्वरों में 'बेटा-बेटा' कहकर पुकार रहे हैं, उनकी पुकार को सुनकर वृक्ष द्रवित हो उठते हैं और उत्तर देते हैं। यह वर्णन भी कम हृदयग्राही नहीं है—

यं प्रव्रजन्तमनुपेतमपेतकृत्यं
द्वैपायनो विरहकातर आजुहाव।
पुत्रेति तन्मयतया तरवोऽभिनेदु—
स्तं सर्वभूतहृदयं मुनिमानतोऽस्मि॥ भा.1/2/2॥

तत्त्व की परिभाषा देखिए। अंततः ज्ञाता ज्ञेय और तत्त्व अभेद हो जाते हैं, वही तत्त्व है, ज्ञान है, ब्रह्म है, परमात्मा है, भगवान् है—

वदन्ति तत्तत्त्वविदस्तत्वं यज्ज्ञानमद्वयम्।
ब्रह्मेति परमात्मेति भगवानिति शब्द्यते॥ भा. 1/2/11

इसी तरह त्रिमूर्ति का भी वर्णन है। एक ही परमात्मा विभिन्न कार्यों का संपादन करने के लिए सत्, रज और तम गुणों को धारण कर ब्रह्मा, विष्णु और शिव के रूप में बँट जाते हैं—

सत्त्वं रजस्तम इति प्रकृतेर्गुणास्तै—
र्युक्तः परः पुरुष एक इहास्य धत्ते।
स्थित्यादये हरिविरिञ्चिहरेति संज्ञाः
श्रेयांसि तत्र खलु सत्त्वतनोर्नृणां स्युः॥ भा. 1/2/23॥

भागवत की भाषा सरल है, छंद ललित है और भाव भी अनूठे हैं। सूक्ष्म परमात्मा की शक्ति को अनंत बताया गया है। अपनी लीला के द्वारा परमात्मा समस्त विश्व का संचालन करते हैं। उनकी लीला को वही समझ सकता है, जो नित्य निरंतर निष्कपट भाव से उनके चरणों का सेवन करता है। उनकी लीला कथा का कीर्तन करता है—

स वेद धातुः पदवीं परस्य
दुरन्तवीर्यस्य रथाङ्गपाणेः।
योऽमायया संततयानुवृत्त्या
भजेत तत्पादसरोजगन्धम् ॥ 1/3/38॥

मुक्ति की प्राप्ति के मार्ग को स्पष्ट करते हुए कवि ने लिखा है—

पिबन्ति ये भगवत आत्मनः सतां
कथामृतं श्रवणपुटेषु सम्भृतम्।
पुनन्ति ते विषयविदूषिताशयं
व्रजन्ति तच्चरणसरोरुहान्तिकम्॥ भ. 2/2/37॥

श्रीहरि के चरणों में प्रवेश पाने के लिए उनकी कथाओं को सर्वदा कान के दोने में भरकर पीते हैं, उनके हृदय का विषैला प्रभाव जाता रहता है और श्रीहरि के चरणों में प्रवेश पा लेते हैं, किंतु यह अनुपान साधारण नहीं है, यह संभृत होकर पीनेवाले को ही प्राप्त होता है। संतृप्त का अर्थ है, भयभीत होकर पीना। जिस तरह हरिणी हरी-हरी घास को चरते हुए सदा भयभीत रहती है कि कहीं से शिकारी आ न जाए और उस पर खतरा मँडरा जाए, उसी तरह भगवान् की कथामृत को सावधान होकर कानों को खड़ा कर सुनना चाहिए और हर क्षण यह भय बना रहना चाहिए कि कहीं कुछ भगवान् के नियमों के प्रतिकूल अपराध न हो जाए।

यत्कीर्तनं यत्स्मरणं यदीक्षणं
यद्वन्दनं यच्छ्रवणं यदर्हणम्।
लोकस्य सद्यो विधुनोति कल्मषं
तस्मै सुभद्रश्रवसे नमो नमः॥ 2/4/15 ॥

तपस्विनो दानपरा यशस्विनो
मनस्विनो मन्त्रविदः सुमङ्गलाः।
क्षेमं न विन्दन्ति विना यदर्पणं
तस्मै सुभद्रश्रवसे नमो नमः। 2/4/17 ॥

कितनी सरल, किंतु मार्मिक व्यंजना है। कविता का धर्म भी तो यही है कि एक दिल से निकलकर दूसरे दिल को छू ले। प्रस्तुत अंश में भागवत चिंतना का सुंदर वर्णन है, भगवान् को बिना अर्पण किए मनुष्य का कल्याण नहीं हो सकता।

भगवान् के सत्य स्वरूप का वर्णन करते हुए कवि कहते हैं—

सत्यव्रतं सत्यपरं त्रिसत्यं
सत्यस्य योनिं निहितं च सत्ये।
सत्यस्य सत्यामृतसत्यनेत्रं
सत्यात्मकं त्वां शरणं प्रपन्नाः॥ 10/2/26 ॥

हे प्रभो! आप सत्य संकल्प हैं। सत्य ही आपकी प्राप्ति का श्रेष्ठ साधन है। सृष्टि के पूर्व, प्रलय के पश्चात् और संसार की स्थिति के समय भी आप सत्य हैं। पृथ्वी, जल, तेज, वायु और आकाश इन पाँच दृश्यमान सत्यों के कारण आप ही हैं और इनमें अंतर्यामी रूप से विराजमान भी हैं। आप इन दृश्यमान जगत् के परमार्थ स्वरूप ही हैं। आप ही मधुरवाणी और समदर्शन के प्रवर्तक हैं। भगवान् आप तो बस सत्य स्वरूप हैं। हम सब आपकी शरण में आए हैं।

विमाता से तिरस्कृत ध्रुवजी भगवान् का ध्यान-आराधना करते हैं।

योऽन्तः प्रविश्य मम वाचमिमां प्रसुप्तां
संजीवयत्यखिलशक्तिधरः स्वधाम्ना।
अन्यांश्च हस्तचरणश्रवणत्वगादीन्
प्राणान्नमो भगवते पुरुषाय तुभ्यम्॥ 4/9/6॥

कितना ललित वर्णन है—मरे हुए हृदय को झंकृत करनेवाला है, सुप्तावस्था में हमारी समस्त इंद्रियाँ मृतवत् सोई पड़ी रहती है, आत्मा उसमें प्रवेश कर अपनी अंतःशक्ति से जगाती है, मूक वाणी मुखर हो जाती है। हाथ, चरण, कान एवं त्वचा भी, यहाँ तक कि प्राणतत्त्व भी सक्रिय हो उठते हैं। यह उन्हीं की तो कृपा है।

पालकी पर जाते हुए राजा रहूगण की पालकी के एक कहार के बदले में जड़ भरत को जोत दिया, मार्ग में अपनी पालकी के असंतुलन को देख राजा ने जड़ भरत को बुरी-भली कह सुनाई, किंतु उनकी पांडित्य पूर्ण बातों को सुन, समझ गया कि उसका किसी ब्रह्म ज्ञानी से पाला पड़ा है, वह झट से उतरकर उनके चरणों में गिर गया। कहा—

नाहं विशङ्के सुरराजवज्रा-
न्न त्र्यक्षशूलान यमस्य दण्डात्।
नाग्न्यर्कसोमानिलवित्तपास्त्रा
च्छङ्के भृशं ब्रह्मकुलावमानात्॥ 5/10/17॥

उसे देवराज इंद्र के वज्र से डर नहीं लगता, न शिवजी के शूल से, न यमराज

के दंड से, न अग्नि, सूर्य, चंद्रमा वायु और कुबेर के अस्त्रों से ही। वह मात्र ब्राह्मणकुल के अपमान से डरता है। यह सफल काव्य का आदर्श उदाहरण है।

श्रीमद्भागवत के दशम स्कंध में भाव शिल्प और काव्य वैभव का चरम उत्कर्ष हुआ है। श्रीकृष्ण की बाल लीलाओं के मधुर चित्रण को छोड़ भी दें तो अनेक स्थल हृदय स्पर्श कर लेते हैं। शरद् का आगमन हो चुका है। एक रूपांकन देखिए—

कुसुमितवनराजिशुष्मिभृङ्ग—
द्विजकुलघुष्टसरःसरिन्महीध्रम्।
मधुपतिरवगाह्य चारयन् गाः सहपशुपालबलश्चुकूज वेणुम्॥ 10/21/2॥

हरे-भरे लता द्रुम फूलों से लदे हैं, भँवरे गूँज रहे हैं। झुंड-के-झुंड पक्षी कलरव कर रहे हैं। नदियाँ, सरोवर और पर्वत निर्मल दिखते हैं। अन्य चित्र देखें—

नद्यस्तदा तदुपधार्य मुकुन्दगीत—
मावर्तलक्षितमनोभवभग्नवेगाः।
आलिङ्गनस्थगितमूर्मिभुजैर्मुरारे-
गृह्णन्ति पादयुगलं कमलोपहराः॥ 10/21/15॥

अचेतन नदियों के हृदय में श्रीकृष्ण मिलन और आत्म समर्पण का मार्मिक उदाहरण है। चाँदनी धौत रात्रि में भगवान् ने शरद् के खिले कुमुद पुष्पों को देखा। रास रचाने की इच्छा हुई। योगमाया के माध्यम से उन्होंने परिवेश की रचना की—

दृष्ट्वा कुमुद्वन्तमखण्डमण्डलं
रमाननाभं नवकुङ्कुमारुणम्।
वनं च तत्कोमलगोभिरञ्जितं
जगौ कलं वामदृशां मनोहरम्॥ 10/29/3॥

पूर्णिमा की रात थी, संकोच मिश्रित अभिलाषा और अनुराग के रंग में पूरा वृंदावन रँग रहा था। श्री भगवान् ने वंशी पर क्लीं मंत्र बजाया। उसका

प्रभाव क्या था? जो गोपी जहाँ थी, जैसी अवस्था में थी, उन्मत की तरह श्रीकृष्ण मिलन को चल पड़ी।

निशम्य गीतं तदनङ्गवर्धनं
व्रजस्त्रियः कृष्णगृहीतमानसाः
आजग्मुरन्योयमलक्षितोद्यमाः
स यत्र कान्तो जवलोलकुण्डलाः॥ 10/29/4 ॥

रास में श्रीकृष्ण अंतर्ध्यान हो गए हैं। उनके वियोग में गोपियों ने अपने हृदय का रसभाव गोपी गीत के उन्नीस श्लोक में उड़ेलकर रख दिया है।

श्रीकृष्ण के अवतार से ब्रज धन्य हो गया। लक्ष्मीजी यहाँ नित्य निरंतर वास करने लगी हैं। गोपियाँ अपने को श्रीकृष्ण की बिना मोल की दासियाँ बताती हैं और उनसे पूछती हैं कि क्या नेत्रों से मारना वध नहीं होता?

जयति तेऽधिकं जन्मना व्रजः
श्रयत इन्दिरा शश्वदत्र हि॥ 10/31/1 ॥

शरदुदाशये साधुजातसत्—
सरसिजोदरश्रीमुषा दृशा।
सुरतनाथ तेऽशुल्कदासिका
वरद निघ्नतो नेह किं वधः॥ 10/31/1,2 ॥

श्रीकृष्ण ने गोप-गोपियों के कल्याण के लिए जो कुछ भी किया, वे उन्हें स्मरण कराती हैं, उनसे याचना करती हैं कि वे उनके पाप-ताप को दूर करें—

प्रणतदेहिनां पापकर्शनं
तृणचरानुगं श्रीनिकेतनम्।
फणिफणार्पितं ते पदाम्बुजं
कृणु कुचेषु नः कृन्धि हृच्छयम्॥ 10/31/7 ॥

भगवान् की लीला कथाओं का वे महत्त्व बताती हैं, कहती हैं—

तव कथामृतं तप्तजीवनं

कविभिरीडितं कल्मषापहम्।

श्रवणमङ्गलं श्रीमदाततं

भुवि गृणन्ति ते भूरिदा जनाः॥ 10/31/9॥

श्रीमद्‌भागवत के श्रवण पठन और संकीर्तन का पूर्ण लाभ तभी होता है, जब भक्त अपनी समस्त भावनाओं, आकांक्षाओं और उपलब्धियों को श्रीहरि के चरणों में समर्पित कर देता है।

कायेन वाचा मनसेन्द्रियैर्वा

बुद्ध्याऽऽत्मना वाऽनुसृतस्वभावात्।

करोति यद्यत् सकलं परस्मै

नारायणायेति समर्पयेत्तत्॥ 11/2/36

भागवत का निचोड़ है ब्रह्म के स्वरूप का निरूपण—

यं ब्रह्मा वरुणेन्द्ररुद्रमरुतः स्तुन्वन्ति दिव्यैः स्तवै—

र्वेदैः साङ्गपदक्रमोपनिषदैगाऽयन्ति यं सामगाः।

ध्यानावस्थिततद्‌गतेन मनसा पश्यन्ति यं योगिनो

यस्यान्तं न विदुः सुरासुरगणा देवाय तस्मै नमः॥ 12/13/1

श्रीमद्‌भागवत की रचना का हेतु ही डरे हुए राजा को निर्भय करना है, मुक्ति दिलानी थी। श्री शुकदेवजी के मुखारविंद से श्रीमद्‌भागवत की कथा सुनकर वह धन्य हो गए, निर्भय हो गए। कहा, 'भगवान् आपकी कथा से मैं गदगद हूँ। मुझे अब तक्षक का भय नहीं। मृत्यु क्या, मृत्युओं के समूह से भी भय नहीं। अब मैं ब्रह्म निर्वाण और अभय पद में प्रवेश पा चुका हूँ। कितनी मार्मिक और निर्भय अभिव्यक्ति है।'

भगवंस्तक्षकादिभ्यो मृत्युभ्यो न विभेम्यहम्।

प्रविष्टो ब्रह्मनिर्वाणमभयं दर्शितं त्वया॥12/6/5॥

भागवत भावनाओं का काव्य है, संपूर्ण महाग्रंथ में ललित श्लोकों मनोहारी व्यंजनाओं को पिरोया गया है। इसका कथा-विन्यास जितना सुंदर है, काव्य वैभव भी उतना ही विविध और हृदयस्पर्शी है।

□

9

संस्कृत के प्रतिनिधि कवि : कालिदास

'भारत मानव जाति की मातृभूमि है; संस्कृत समस्त यूरोपीय भाषाओं की जननी; हमारे दर्शन-चिंतन की भी वही माता है, हमने आँखों के माध्यम से गणित का ज्ञान उसी से सीखा, क्रिश्चियनिटी के सारे उच्चादर्श बुद्ध से मिले; स्वायत्त शासन और लोकतंत्र भारतीय ग्रामीण-समुदाय की देन है। अनेक रूपों में भारत माता हम सभी की माता है।'—विलियम डुरांट

× × ×

विलियम डुरांट ने संस्कृत को यूरोपीयन भाषाओं की जननी कही है। वस्तुतः समस्त यूरोपीय भाषाएँ संस्कृत से निकली है। कहा जाता है, एक समय था, जब भारतीय विद्वानों के तोते-मैना भी संस्कृत में शास्त्रार्थ करते थे, किंतु संयोग कि हिंदी की तरह संस्कृत देश के किसी भी भाग की मातृभाषा न हो सकी; प्रकृति, पाली, मागधी एवं अन्य लोकभाषाएँ सर्वत्र छाई रहीं। वैदिक संस्कृत ने जहाँ देश को एकरूपता और अखंडता दी, एकात्मक संस्कृति की रचना की; वहीं लौकिक संस्कृत ने न केवल भारत बल्कि श्रीलंका, सुदूर पूर्व और पश्चिमी देशों के साहित्याकाश को भावात्मक परिवेश दिया। अश्वघोष, कालिदास, भवभूति, भारवि, दंडी, माघ, भास संस्कृत के कालजयी साहित्यकार हैं। कालिदास का स्थान इनमें सबसे ऊँचा है। भाव प्रवणता, व्यंजना की सहज-स्वाभाविक और अद्भुत कल्पना-

शीलता के कारण कालिदास सार्वदेशिक और सर्वकालिक हैं।

कहा जाता है कि कवियों के गणना-प्रसंग में कालिदास का नाम छोटी अँगुली-कनिष्ठिका-जहाँ से सामान्यतः गिनती शुरू की जाती है, पर रखा गया, किंतु उनके समकक्ष कोई दूसरा कवि ही नहीं मिला, जिसे बाद वाली अंगुली अनामिका पर रखा जाए। इसका अनामिका नाम सार्थक हो गया—

पुरा कवीनां गणना-प्रसङ्गे कनिष्ठिकाधिष्ठितकालिदासा।
अद्यापि तत्तुल्यकवेरभावात् अनामिका सार्थवती बभूव॥

कालिदास का काल, जन्म-स्थान, कृतियाँ अभी तक विवाद्य हैं। कुमार संभव, मेघ-दूत, रघुवंशम् और ऋतु संहार इनके सर्व स्वीकृत काव्य हैं। विक्रमोर्वशीयम्, मालविकाग्निमित्रम् एवं अभिज्ञानशाकुन्तलम् इनकी विश्व-प्रसिद्ध नाट्य-रचनाएँ हैं।

बचपन में कालिदास निपट अनपढ़ और गँवार थे। एक विदुषी राजकुमारी विद्योत्तमा, जिसका दृढ़ निश्चय था, जो उसे शास्त्रार्थ में परास्त करेगा, उसी के साथ वह विवाह रचाएगी, द्वारा कालिदास को बहुत अपमानित होना पड़ा था। उसने इनसे पूछा था, 'अस्ति कश्चित् वाग्विशेषः'। कालिदास कुछ समझ नहीं पाए थे। इन्हें तिरस्कृत हो लौटना पड़ा था। उसके बाद काली की आराधना करके अखंड विद्वान् बन गए थे, अद्भुत कवित्व शक्ति प्राप्त की थी—कालिदास हो गए थे। कालिदास होने के बाद विद्योत्तमा के प्रश्न के तीनों शब्दों में एक-एक शब्द लें, इन्होंने तीन महान् काव्य-ग्रंथ रचे—

'अस्त्युत्तरस्यां दिशि देवतात्मा हिमालयो नाम नगाधिराजः।
पूर्वापरौ तोयनिधी, वगाह्य स्थितः पृथिव्या इव मानदण्डः॥ कु. 1/1

प्रश्न के अस्ति शब्द से कुमारसंभव का शुभारंभ है। कुमारसंभव श्रृंगार रस का बेजोड़ ग्रंथ है। कालिदास श्रृंगार रस के रससिद्ध कवीश्वर हैं। इनके काव्य में श्रृंगार के उभय रूपों-संयोग और विप्रलंभ का अद्भुत

परिपाक हुआ है। कुमार- संभव में संयोग श्रृंगार वर्णन की सीमाओं का अतिक्रमण कर गया है। पार्वती का जन्म, इनकी बाल क्रीड़ाएँ, यौवन, नख-शिख, तपस्या, विवाह, शिवजी की सुरति, कुमार कार्तिकेय का जन्म, तारका सुर का वध; कुमारसंभव के वर्ण्य हैं। इसके सत्रह सर्गों में प्रकृति तथा मानव मन के अंतर्बाह्य सौंदर्य का हृदयस्पर्शी चित्रण है। भाषा, भाव और शिल्प के आधार पर कई लोगों के अनुसार कुमारसंभव के मात्र आठ सर्ग ही कालिदास विरचित हैं। किसी अन्य कवि ने शेष सर्गों की रचना भी है।

कालिदास की भाषा प्रसाद गुण युक्त, स्पष्ट, बोध गम्य, कर्ण प्रिय और व्याकरणनिष्ठ है। ये पूर्णतः शैव थे। भारतीय संस्कृति के प्रति इनमें लगाव था। प्रकृति के सौम्य रूपों से आकृष्ट थे।

हिमवान के घर पार्वती का जन्म हो चुका है, वह बढ़ रही है। कालिदास कहते हैं, वह शुक्ल पक्ष की चंद्रमा सी बढ़ रही है—

'दिने दिने सा परिवर्धमाना
लब्धोदया चान्द्रमसीव लेखा।' कु. 1/25

इसी तरह पुत्रवान होते हुए भी हिमवान पुत्री पार्वती में उसी तरह आकृष्ट थे जैसे—

अनन्तपुष्पस्य मधोर्हि चूते
द्विरेफमाला सविशेषसङ्ग॥ कु. 1/27

वसंत ऋतु में अनेक पुष्पों के होते हुए भी भ्रमर समूह आम्र-बौरों पर झुक पड़ते हैं।

नव यौवना पार्वती का एक रूपांकन देखें—

उन्मीलितं तूलिकयेव चित्रं
सूर्यांशुभिर्भिन्नमिवाऽरविन्दम्।
बभूव तस्याश्चतुरस्रशोभि
वपुर्विभक्तं नवयौवनेन॥ कु. 1/32

नवयौवन के उन्मेष की कूची से उरेहे गए चित्र सा पार्वती का रूप सौंदर्य सूर्य रश्मियों से उत्फुल्ल कमल सा खिल उठा।

आंतरिक मनोभावनाओं की सूक्ष्म व्यंजना में भी कालिदास बेजोड़ हैं। शिव को पति रूप में पाने के लिए पार्वती कठोर तपस्या कर रही थी। उन्होंने देखा, उनके सामने शिव ने कामदेव को साक्षात् जला दिया। वह भग्न मनोरथा सोचने लगीं, रूप-सौंदर्य की निंदा करने लगीं। इसकी अब क्या जरूरत, जब शिव ने मनोभव को ही जला दिया? यह तो प्रिय की अनुकूलता, उनका सौभाग्य पाने के लिए होता है—

तथा समक्षं दहता मनोभवं पिनाकिना भग्नमनोरथा सती।
निनिन्द रूपं हृदयेन पार्वती प्रियेषु सौभाग्यफला हि चारुता॥ कु. 5/1

एक और रूपांकन देखें। ऐसे तो वर्षा की पहली फुहेरों का चित्रण है, किंतु व्याज से पार्वती का रूप-सौंदर्य व्यंजित हो उठता है। अभीष्ट पाने के लिए पार्वती पंचाग्नि सेवन करती हैं, ऋतुओं के प्रतिकूल देह-दंडन करती हैं। जाड़ा, गरमी और बरसात में खुले आसमान के नीचे दिन-रात तपस्यारत हैं—मूरतमंत तपस्या जैसी। भयंकर गरमी के पश्चात् वर्षा की पहली बूँदें पड़ती हैं। गरमी से पार्वती भी पृथ्वी की तरह तप्त है। उनके शरीर पर प्रथमोदबिंदवः की क्या प्रतिक्रिया होती है—

स्थिताः क्षणं पक्ष्मसु ताडिताधराः
पयोधरोत्सेधनिपातचूर्णिताः।
वलीषु तस्याः स्खलिताः प्रपेदिरे
चिरेण नाभिं प्रथमोदबिन्दवः॥ कु. 5/24

वर्षा की पहली बूँदें पार्वती पर पड़ती हैं, क्षण भर पलकों पर ठहरकर अधरों पर ढरक जाती हैं और वक्षस्थल पर पड़, चूर-चूर हो जाती हैं। वली से होकर नाभि प्रदेश में पहुँचने में काफी देर लगती है। प्रथमोद बिंदवः की यह मात्र यष्टि-यात्रा है। किंतु गहराई से विचार करें। यह पार्वती के सौंदर्य और शारीरिक उभार का आकलन है।

वर्षा की पहली बूँदें पार्वती पर गिरती हैं, पलकों पर क्षण भर रुकती हैं। सामान्यतः पलकें शरीर के उस प्रदेश में स्थित हैं, जहाँ कोई चीज ठहर नहीं सकती। पलकों पर जलबिंदु के ठहरने का मतलब बरौनियाँ सघन हैं। बरौनियों का सघन होना सौंदर्य शास्त्र में सुंदरता की पहचान माना जाता है—पार्वती सुंदर है। होठों से होकर वे बूँदें वक्षस्थल के ऊपरी भाग में गिरती हैं और चूर-चूर हो जाती हैं। पलकों का पानी वक्ष पर तभी गिरेगा, यदि वक्ष पैने हों और व्यक्ति बैठा हो। वक्ष ग्रीष्मकालीन धरती या तप्त तवे की तरह गरम हैं। गर्म तवे पर पड़ने वाली पानी की बूँद कई टुकड़ों में बँटकर छन-छनाकर चूर-चूर हो जाती है। शिवजी के लिए तपस्या करती पार्वती भी तप्त हैं और उनमें उन्हें पाने का तीव्र अनुराग भी व्यंजित है। इतना ही नहीं, उदर रेखाएँ भी इतनी एक-दूसरे से अनुस्यूत हैं कि परम सुचिक्कन होने पर भी बूँदों को नाभि प्रदेश में पहुँचने में काफी समय लगता है। निश्चित ही ये व्यंजनाएँ सुंदरता की ही अभिव्यक्ति हैं।

मेघदूत

‘कश्चित्कान्ताविरहगुरुणा स्वाधिकारात्प्रमत्तः’
शापेनाऽस्तङ्गमितमहिमा वर्षभोग्येण भर्तुः। मे.पू. 1

विद्योत्तमा के प्रश्न के दूसरे शब्द ‘कश्चित्’ से मेघदूत की पहली पंक्ति प्रारंभ होती है। यह विप्रलंभ शृंगार की सुरुचिपूर्ण परिपक्व रचना है। यक्षेश्वर कुबेर की सेवा में प्रतिनियुक्त यक्ष अपनी नव परिणीता प्रिया के प्रेम पाश में आबद्ध समय से पूजा के फूल नहीं पहुँचाने के करण कुबेर का कोप भाजन हुआ; उसे एक वर्ष तक अपनी प्रिया से वियुक्त रहने का दंड मिला। वर्ष के आठ महीने वियोग में जैसे-तैसे बिताए। आषाढ़ के पहले दिन उन्मद घटाओं को चूमता मलय का आर्द्र झोंका आया। इस उद्दीपन ने मन की मूँदी कलियों को छेड़ दिया, सुसुप्त भावनाएँ जग पड़ीं। प्रिया का वियोग और विरह की तीव्रता असह्य हो गई। मेघ द्वारा उसने अपनी प्रिया को संदेश भेजना चाहा। कामार्त्त यक्ष भूल गया कि मेघ

अचेतन है—'कामार्त्ता हि प्रकृतिकृपणाश्चेतनाचेतनेषु' मे.पू. 5 विरही जन भूल ही जाते हैं।

यक्ष ने वनैले चमेली के फूलों से मेघ के लिए अर्घ्य कल्पित कर उसका अभिनंदन किया। कहा, 'मैं जानता हूँ, लोक विख्यात आवर्तक और पुष्कर के वंश में तुम पैदा हो, दुःखियों के दुःख दूर करनेवाले हो, मेरा भी कष्ट हरो। मेरा संदेश मेरी पत्नी को पहुँचाओ। यक्ष संतप्त भी है, चाटुकार भी है।' कहता है, 'मेघ! तुम्हें आकाश में उमड़े-घुमड़े देखकर पथिकों की पत्नियाँ अपने केशों के अग्रभागों को उठाकर तुम्हें देखती हैं; अपने को आश्वासन देती हैं, उनके प्रियतम भी शीघ्र ही घर लौटेंगे। चातुर्यमास के चार महीने सभी घर रहते हैं।' क्या वही सुंदर चित्र है—

त्वामारूढं पवनपदवीमुद्गृहीतालकान्ता:
प्रक्षिष्यन्ते पथिकवनिता: प्रत्ययादाश्वसन्त्य: मे.पू. 8

यक्ष यात्रा के शुभ शगुनों का उल्लेख करता है, बताता है। प्रस्थान के लिए सर्वाधिक मंगल क्षण वही है। बिना मेघ के उत्तर की प्रतीक्षा किए मार्ग के समस्त सांस्कृतिक स्थलों और वहाँ की सुंदरियों की विशिष्टता बता देता है। इन समस्त संदर्भों में उसके मन में ऐंद्रियता और शृंगार की एक सूक्ष्म रेखा परिलक्षित होती है।

उत्तर मेघ के अंतर्गत भोग-भूमि अलकापुरी के ऊँचे प्रासादों, क्रीड़ा उद्यानों और भोग रत यक्ष-युग्मों के 'चिर किशोरवय नित्य विलासी सुरभित जिससे रहा दिगंत' का वर्णन है।

अलका के संगीत मय, चित्रित, उत्तुंग प्रासाद मेघ से ही तुल्य हैं—

विद्युत्वन्तं ललितवनिता: सेद्रचापं सचित्रा:
सङ्गीताय प्रहतमुरजा: स्निग्धगम्भीरघोषम्।
अन्तस्तोयं मणिमयभुवस्तुङ्गमभ्रंलिहाग्रा:
प्रासादास्त्वां तुलयितुमलं यत्र तैस्तैर्विशेषै:॥ मे.उ. 1

उत्तर मेघ की शृंगारिकता चरम पर है। गाँठ खोल देने से शिथिल

रेशमी वस्त्रों वाली लज्जित चूर्ण फेंकने वाली बिंबाधराओं का चित्रण है, वहीं प्रिय के पाशाबद्ध रमणियों के सुरत-श्रम मिटाने का भी वर्णन है।

वियोग के दिनों की गिनती में तत्पर, दहलीज पर फूल रखती, मैना को पढ़ाती वियुक्ता यक्षिणी का रूप चित्रण अत्यधिक मार्मिक और जीवंत है—

तन्वी श्यामा शिखरिदशना पक्वबिम्बाधरोष्ठी
मध्येक्षामा चकितहरिणीप्रेक्षणा निम्ननाभिः।
श्रोणीभारादलसगमना स्तोकनम्रा स्तनाभ्यां
या तत्र स्याद् युवतिविषये सृष्टिराद्येव धातुः॥ मे.उ. 22

शायद सृष्टि में ब्रह्मा की वही पहली रचना है। विश्व साहित्य में भी शायद ही ऐसा जीवंत और कोमल वर्णन अन्यत्र मिले।

संदेश? संदेश में कवि सौंदर्य, सुरति और शृंगार की सीमा पार कर गया है, तभी तो कहना पड़ा है—

उपमा कालिदासस्य भारवेरर्थगौरवम्
दण्डिनः पदलालित्यं त्रयोऽप्येकतोऽधिकः।

मेघदूत शृंगार का श्लाघ्य काव्य है। वियोग की अग्नि में दग्ध यक्ष का प्रणय-व्यापार दैदीप्त हो उठा है। कालिदास के शिल्प के पारस-स्पर्श ने इसे कुंदन बनाया है। इसके शब्द-शब्द विरह की अग्नि से अनुतप्त हैं। बाहरी-भीतरी प्रकृति का भी यक्ष के साथ सौहार्द्य-सहानुभूति है। कालिदास के मेघदूत के बाद दूत-काव्य की परंपरा शुरू हो गई।

कालिदास के पूर्व दूत-काव्य की कोई परंपरा नहीं दिखती। इस काव्य का ऐतिहासिक या पौराणिक आधार भी नहीं है। कई आलोचकों का विचार है, कवि के वैयक्तिक जीवन की कोई वियोगपूर्ण दुर्घटना इस विरह काव्य को प्रेरित करती रही है; इसकी भाव भूमि रही है।

रघुवंशम्

कहा जाता है कि कुमार संभव में पार्वतीजी की सुरति-शृंगार के

सीमाहीन चित्रण के कारण कालिदास भयंकर चर्मरोग-ग्रस्त हो गए। वह परम शिव-भक्त थे। भगवान् शंकर ने भगवान् राम के गुणानुवाद करने का स्वप्न दिया। रघुवंशम् की अविरल काव्य-धारा फूट पड़ी—

वागर्थाविव सम्पृक्तौ वागर्थप्रतिपत्तये।
जगतः पितरौ वन्दे पार्वतीपरमेश्वरौ॥ 1:1

स्मरणीय है, विद्योत्तमा के प्रश्न का तृतीयांश था 'वाक्' शब्द। रघुवंशम् महाकाव्य का मंगलाचरण कवि ने 'वाक्' शब्द से प्रारंभ किया है।

उन्नीस सर्गों में निबद्ध रघुवंशम् महाकाव्य के समस्त लक्षणों से युक्त महाकवि का श्रेष्ठ और प्रगल्भ काव्य है। कथा वस्तु मुख्यतः वाल्मीकीय पर ही आधारित है, पर अन्य पुराणों का भी स्पर्श किया गया है। दिलीप से प्रारंभ कर अग्नि-वर्ण तक सताईस पीढ़ियों के शौर्य-वीर्य और यश का वर्णन किया गया है। रघुवंशम् का शिल्प भी बेजोड़ है।

धर्म-परायण, प्रजा-पालक, यशस्वी; किंतु पुत्रहीन, संतप्त महाराज दिलीप राजमहिषी के साथ पुत्र प्राप्ति की कामना से गुरु वशिष्ट के आश्रम में आते हैं। गुरु के निर्देशानुसार उनकी नंदिनी गाय, जिसकी माता का राजा से अपमान हुआ था, सेवा करते हैं—

अथ प्रजानामधिपः प्रभाते
जायाप्रतिग्राहितगन्धमाल्याम्।
वनायपीतप्रतिबद्धवत्सां
यशोधनो धेनुमृषेर्मुमोच॥ 2:1

तपस्या की सफलता पर उन्हें प्रतापी पुत्र रघु की प्राप्ति होती है। रघु के पुत्र अज, उनके पुत्र दशरथ हैं। दशरथजी राम के पिता हैं, फिर रामायण का आख्यान शुरू होता है। कुश से अग्निवर्ण तक बस्तु-परिगणन शैली में रघुवंश का वर्णन है। अंतिम सर्ग में अग्नि वर्ण नितांत विषयी, लंपट और कामुक रूप में चित्रित हुआ है।

रघु के जीवन में वरतंतु शिष्य कौत्स की गुरु दक्षिणा की घटना महान् है। विश्वजीत यज्ञ में सर्वस्व दान कर चुके राजा के पास गुरु-दक्षिणा देने हेतु प्रभूत धन पाने को कौत्स आए थे। राजा अकिंचन हो चुके थे। उन्होंने कुबेर पर आक्रमण कर धन देना चाहा। राजा के प्रताप से कुबेर ने बिना युद्ध के ही खजाना भर दिया। राजा ने अपने गौरव के अनुरूप गुरु दक्षिणा के लिए धन दे दिया। ऋषि कुमार ने 'पुत्रं लभस्वात्मगुणानुरूपं' का आशीर्वाद किया उन्हें।

रूपं तदोजस्वि तदेव वीर्यं
तदेव नैसर्गिकमुन्नतत्त्वम्।
न कारणात्स्वाद्विभिदे कुमारः
प्रवर्ततो दीप इव प्रदीपात्॥ 5:37

समान रूप, वीर्य और पराक्रमी पुत्र प्राप्त हुआ। ब्राह्म मुहूर्त में जन्म होने से वह अज कहलाए। काल क्रम से उनका विवाह विदर्भ राजकुमारी इंदुमती से हुआ। वीर प्रसवा इंदुमती और अज के प्रणय-भाव अनन्य थे। नारदजी की वीणा में बँधे स्वर्गीय फूलों की माला इंदुमती पर गिर पड़ी। उनका स्वर्गवास हो गया। इंदुमती के लिए अज का विलाप कामदेव के लिए रति के विलाप से तुल्य है।

रघुबंशम् का बहुलांश रामायण कथा ही है, किंतु रावण-वध के पश्चात् राम का पुष्पक-विमान से सीता को स्मृति-शेष स्थलों को दिखाना महाकवि की नई और रम्य उद्भावना है—

वैदेहि! पश्यामलयाद्विभक्तं
मत्सेतुना फेनिलमम्बुराशिम्।
छायापथेनेव शरत्प्रसन्न—
माकाशमाविष्कृतचारूतारम्॥ 13:2

इन समस्त संदर्भों में कलिदास का श्रृंगार जागृत हैं :

मुखार्पणेषु प्रकृतिप्रगल्भाः
स्वयं तरङ्गधरदानदक्षः।
अनन्यसामान्यकलत्रवृत्तिः
पिबत्यसौ पाययते च सिन्धूः॥ र. 13/9

रघुवंशम् कालिदास का श्रेष्ठ महाकाव्य है। मुख्यतः धीरोदात्त राम ही इसके नायक हैं। कालिदास की स्वाभाविक रसात्मकता सर्वत्र आस्वाद्य है। प्रकृति के प्रति सहज अनुराग, उसकी चारूता आकलित है। भाषा-शिल्प के विचार से भी यह अत्यंत उत्कृष्ट काव्य है।

ऋतु संहार

ऋतु संहार कालिदास की प्रारंभिक काव्य रचना है। प्रकृति के सुरम्य गोद में युवक-युवतियों का निश्छल प्रणय व्यापार उन्मुक्त व्यक्त हुआ है। ग्रीष्म से प्रारंभ कर षड् ऋतुओं का अद्‌भुत वर्णन है। भाषा, भाव और श्रृंगार की उद्‌दाम अभिव्यक्ति और शिल्प की अपरिपक्वता के कारण कतिपय आलोचक इसे कालिदास की रचना मानने में संदेह करते हैं, किंतु नवीनतम अनुसंधानों से यह स्पष्ट हो चुका है कि इसमें कोई शक की गुंजाइश नहीं है। कवि की यह प्रारंभिक रचना है, अतः इसमें परिष्कार और निखार वांछित है।

नाटककार कालिदास

संस्कृत का नाटक साहित्य अत्यंत समृद्ध है। कालिदास की गणना विश्व के श्रेष्ठ नाटककारों में की जाती है। भारत की नाट्य परंपरा का शास्त्रीय परिपालन कालिदास के नाटकों में पाया जाता है।

मालविकाग्निमित्रम्

मालविकाग्निमित्र कालिदास की पहली रचना है। पाँच अंकों में निबद्ध यह मालविका और अग्नि मित्र के प्रणय प्रसंगों का नाट्यांतरण है। अग्नि मित्र शुंग वंश का राजा था।

विक्रमोर्वशीयम्

विक्रमोर्वशीय का भी अवतरण पाँच अंकों में ही हुआ। पौराणिक विक्रम या पुरूरवा तथा अप्सरा उर्वशी के उत्कट प्रेम की व्यंजना है।

अभिज्ञानशाकुन्तलम्

अभिज्ञानशाकुन्तलम् के बारे में प्रचलित है—

काव्येषु नाटकं रम्यं तत्र रम्या शकुन्तला

शाकुन्तलम् विश्व के सार्वदेशिक तथा सर्वकालिक नाटकों में श्रेष्ठ है। शकुंतला की पहचान अँगूठी से होती है या उसे राजा ने पहचान के लिए अँगूठी दी थी; अतः इसका नाम 'अभिज्ञान शाकुंतलम्' पड़ा।

शकुंतला महर्षि विश्वामित्र तथा अप्सरा मेनका की बेटी थी; उसका पालन-पोषण महर्षि कण्व के आश्रम में तथा आश्रम के वातावरण में हुआ था। महर्षि कण्व की अनुपस्थिति में उसने महाराज दुष्यंत से गंधर्व विवाह कर लिया। ऋषि को जब पता चला, शकुंतला को उन्होंने पति गृह भेज दिया। शाकुंतला के रमणीय स्थल जितने नाटकीय हैं, उतने ही मार्मिक भी।

नाटक के प्रारंभ में आश्रम के चंचल, किंतु अवध्य मृग का पीछा करते राजा दुष्यंत कण्व ऋषि के आश्रम तक आ जाते हैं। यहाँ बहुश्रुत सुंदरी शकुंतला के रूप सौंदर्य देखने का लोभ नहीं रोक पाते हैं। एक वृक्ष की आड़ में छिपकर रसपान करते हैं। वृक्षों को सींचती और वार्त्तालाप करती शंकुतला के बारे में अनेक तरह के संकल्प-विकल्प करते हैं। भ्रमर से आक्रांत शकुंतला को महाराज दुष्यंत से त्राण पाने की बात सुनकर वह प्रकट होते हैं। अनेक जिज्ञासाओं के बाद शकुंतला के उद्‌भव एवं वंश को जानकर शकुंतला की प्रशंसा में बोल पड़ते हैं—

"मानुषीषु कथं वा स्यादस्य रूपस्य सम्भवः।
न प्रभातरलं ज्योतिरुदेति वसुधातलात्।" अ.शा. 1/24

और निर्णय पर पहुँचते हैं, हो-न-हो, यह दिव्यांगना उनके योग्य ही है। अंततः पहचान स्वरूप अपनी अँगूठी देते हैं और ऋषि की अनुपस्थिति

में ही शकुंतला से गंधर्व विवाह करके हस्तिनापुर लौट आते हैं। बीच में दुर्वासा का शाप प्रभावी होता है। शकुंतला को राजभवन में भेजे जाने पर भी राजा अस्वीकार कर देते हैं। एक धीवर द्वारा पहचान वाली वह अँगूठी पाकर सारा पूर्व वृत्तांत उन्हें याद आता हैं। शकुंतला और उसके पुत्र भरत को सादर, क्षमा याचना सहित अपनी राजधानी ले जाते हैं।

काव्येषु नाटकं रम्यं तत्र रम्या शकुन्तला।
तत्रापि च चतुर्थोऽङ्कस्तत्र श्लोकचतुष्टयम्।

वस्तुतः प्रस्तुत श्लोक संपूर्ण रूप में शाकुंतलम् की विशेषताओं को उजागर करता है। यह सच है, समस्त साहित्यिक विधाओं में नयन गोचर होने के कारण नाटक रमणीय है; उनमें भी शाकुंतलम् अधिक रम्य है। शाकुंतलम् के चौथे अंक के चार श्लोक सर्वोत्तम हैं और विश्व के किसी भी साहित्यिक उपलब्धि से तुल्य हैं। तभी तो अभिज्ञान शाकुंतलम् पढ़कर प्रसिद्ध जर्मन विद्वान् विलियम जॉन ने कहा कि अगर अन्य समस्त भारतीय साहित्य को छोड़ भी दें तो मात्र शाकुंतलम् भारतीय साहित्य की प्रचुर समृद्धि सिद्ध करने के लिए काफी है।

ये चार श्लोक हैं—

यास्यत्यद्य शकुन्तलेति हदयं संस्पृष्टमुत्कण्ठया
कण्ठः स्तम्भितबाष्पवृत्तिकलुषश्चिन्ताजडं दर्शनम्।
वैक्लव्यं मम तावदीदृशमिदं स्नेहादरण्यौकसः
पीड्यन्ते गृहिणः कथं नु तनयाविश्लेषदुःखैर्नवैः...4:6

ऋषि कहते हैं, आज शकुंतला पति गृह जा रही है। मेरा मन बहुत आकुल-व्याकुल है, आँसुओं से गला भर आया है, आँखों से अश्रु प्रवाहित हो रहा है और चिंता ने निश्चेष्ट बना लिया है। हम जंगल में रहनेवाले अनासक्तों की यह स्थिति है तो फिर उन गृहस्थों का क्या कहना, जो पहली बार अपनी बेटियाँ भेजते हैं।

अगला श्लोक है ऋषि शकुंतला को उपदेश करते है, ससुराल में उसे कैसे रहना चाहिए—

शुश्रूषस्व गुरुन् कुरु प्रियसखीवृत्तिं सपत्नीजने
भर्तुर्विप्रकृताऽपि रोषणतया मा स्म प्रतीपं गमः।
भूयिष्ठं भव दक्षिणा परिजने भाग्येष्वनुत्सेकिनी
यान्त्येवं गृहिणीपदं युवतयो वामाः कुलस्याधयः...4:18

अर्थात् गुरुजनों की सेवा करना, सौतों से सखि भाव रखना। तिरस्कृत होकर भी पति के विपरीत आचरण मत करना। नौकरों पर पर्याप्त उदार रहना और भाग्य पर कभी इठलाना मत। बेटी के लिए इससे अधिक बाप का उपदेश क्या हो सकता है। इसी तरह श्लोक संख्या 4/9 और 4/17 भी हैं—

ऋषि शकुंतला को पराक्रमी पुत्र की माता होने का भी आशीर्वाद देते हैं और

भूत्वा चिराय चतुरन्तमहीसपत्नी
दौष्यन्तिमप्रतिरथं तनयं निवेश्य।
भर्त्रा तदर्पितकुटुम्बभरेण सार्धं
शान्ते करिष्यसि पदं पुनराश्रमेऽस्मिन्। 4:20

प्रस्तुत श्लोक में अखंड सौभाग्य संपन्ना होकर राज्यलक्ष्मी को भोगने और सुयोग्य पुत्र को राज्यभार देकर मोक्ष साधना के लिए जीवन के अंतिम प्रहर में इसी आश्रम में लौटने का आमंत्रण करते हैं। यही शकुंतला की सार्थकता व पूर्णता है।

कालिदास के अंतिम समय के बारे में प्रसिद्ध है, सिंहल राजा से मिलने कालिदास सिंहल गए। किसी कारणवश इन्हें वहाँ उस रात किसी वेश्या के घर ठहरना पड़ा। राजदरबार में उस वेश्या की बड़ी चलती थी। रसात्मक वाक्य रचना और समस्या पूर्ति में वह बेजोड़ थी। अगले दिन उसे राजदरबार में समस्या पूर्ति सुनानी थी। रातभर वह बेचैन थी। मगर

समस्या पूर्ति नहीं कर पा रही थी। कालिदास ने क्षणमात्र में उस श्लोक के सारे चरण पूरे कर दिए। वेश्या उनकी प्रतिभा से प्रभावित भी हुई और ऐसे कवि के राजदरबार में पहुँचने से उसे अपना भविष्य अंधकारमय लगा। उसने कालिदास का वध करवा दिया। राजा को यह बात पता चल गई। उन्होंने अन्य अभियुक्तों के साथ उस वेश्या को जिंदा गड़वाकर अपने प्रिय मित्र की मृत्यु का दंड दिया।

□

10

इक्कीसवीं सदी

सांस्कृतिक दौड़ के इस काल-खंड में इक्कीसवीं सदी (ईस्वी) के प्रथम दशक को हम पार कर रहे हैं। निकोरागुवा से पपुआ गिनिया या फिर हुनुलूलू से ओसलो तक शायद ही कोई महत्त्वपूर्ण देश या नगर हो, जहाँ कोई-न-कोई भारतीय अपने श्रम या मेधा का सदुपयोग करने न पहुँचा हो। संयुक्त राष्ट्र संघ, अंतरराष्ट्रीय मुद्रा कोष, विश्व बैंक, विश्व शांति संरक्षण सेना आदि ख्याति लब्ध संस्थानों में अनेक भारतीयों ने ख्याति प्राप्त की है। अमेरिका और यूरोप, खासकर इंग्लैंड में आप्रवासी भारतीयों की दूसरी पीढ़ी ने बैंकिंग, पत्रकारिता, विधि, चिकित्सा, व्यावसायिकता, उद्योग जन-प्रतिनिधित्व आदि क्षेत्रों में अपना अच्छा-खासा स्थान बना लिया है। संगणक क्षेत्र में भारत की अपनी साख है।

याद कीजिए विगत सदी का आठवाँ दशक, जब न्यूक्लियर ईंधन के आपूर्ति-कर्ता देश जब-न-तब भारत को ईंधन न देने की धमकियाँ देते थे, भारत का सोना यूरोप के बाजारों में नीलाम होता था, अन्न और दूध की भारी कमी थी। आज अणु और संगणक क्षेत्र के हम नेता हैं। चंद्रमा पर जल-भंडार की हमारी खोज नासा ने मान ली है। हमारा फॉरेन रिजर्व प्रशंसनीय है, वार्षिक राष्ट्रीय विकास दर नौ प्रतिशत के पास है। भारत की अर्थव्यवस्था का इंडेक्स काफी ऊँचा है। खाद्यान्न क्षेत्र में भी हमारी प्रगति कम श्लाघ्य नहीं। कहा जाता है कि इक्कीसवीं सदी भारत की सदी है।

हमारी सांस्कृतिक यात्रा औन है। कब यह शुरू हुई, कहना मुश्किल

है। आधुनिक अनुसंधानों से साबित हुआ है, माया सभ्यता के समय सब्यसाची अर्जुन अमेरिका गए थे और धनुर्विद्या में अनेकों धुनर्धरों को परास्त किया था। रेशमी वस्त्र, मसाले, मोर पक्षी, बंदर, कलात्मक वस्तुएँ और भारत के अनेक तिजारती सामान सिकंदरिया और कांस्टेटिनोपुल के बाजारों में बिकते थे। यूरोप के देशों में उनकी भारी माँग थी, उनकी चकाचौंध चारों तरफ फैली थी। बौद्ध धर्म के प्रचार के लिए महाराज अशोक ने अनेकों बौद्ध भिक्षुओं को विदेशों में भेजा था। इस पवित्र कार्य के लिए उनके पुत्र महेंद्र तथा बेटी संघमित्रा सिंहल गए थे। मध्य युग में कई भारतीय राजाओं और राजकुमारों ने सुदूर पूर्व के देशों में उपनिवेश स्थापित किए थे। इंडोनेशिया, मलेशिया, कंबोडिया में जीता-जागता हिंदुत्व वर्तमान है। अंकोरवट में सर्वत्र वर्तमान बौद्ध धर्म भारतीय संस्कृति का ही उद्घोष करता है। सिंगापुर द्वीप पर एक सिंह को देखकर किसी तमिल राजकुमार ने ही इसका नामकरण सिंगापुर किया था। अभी हाल तक भारतीय कलाकार पूर्वी देशों में रामलीला और महाभारत का मंचन प्रस्तुत करने जाते रहे हैं। इन देशों में मंदिरों के आगे तोता लिए बैठे भविष्य वक्ता और अनेकों हिंदू नाम भारत की याद दिलाते हैं।

इसलाम और ईसाईयत के संपर्क से भारत की संस्कृति में नए आयाम जुड़े हैं। एक ने दूसरे को प्रभावित किया है। पुर्त्तगालियों के गढ़े अनेक शब्दों और सामानों का प्रयोग हम आए दिन करते रहते हैं। धर्मांतरण द्वारा धर्मांतरित व्यक्ति पूर्व विश्वास के अपने कतिपय आचार-व्यवहारों को नए धर्म में अपने साथ लेते गए हैं। उनमें भी गुणात्मक परिवर्तन हुए हैं।

सत्रहवीं और अठारहवीं शताब्दी में यूरोप के देशों में दुनिया में उपनिवेश बनाने और राज्य-विस्तार की होड़ मची थी। नई भूमि खोजी जा रही थी; त्यक्त और अनुर्वर भूमि खेती योग्य बनाई जा रही थी; अपनी आर्थिक समृद्धि और उनके शोषण के नएं तरीके ढूँढ़े जा रहे थे। इसी बीच दासता विरोधी कानून (एंटी स्लैवरी ऐक्ट) भी पास हो गया। यूरोपीय संप्रभुओं ने

भारतीय मजदूरों पर दृष्टि दौड़ाई। अब तक भारत में रेलवे यातायात का विकास होने लगा था। बड़े-बड़े महानगर उभरने लगे थे। बेकारी और बदहाली ग्रस्त लोग बेहतर जिंदगी और समृद्धि के लिए नए नगरों की ओर भाग रहे थे। नए देशों के बारे में बड़ी जोर से मिथ फैलाया जा रहा था कि वहाँ ढेला पलटने पर सोना मिलता है। फिर क्या था, जाने-अनजाने गिरमिटिया मजदूरों का काफिल गन्ना, कपास, रब्बर के उत्पादन या अन्य सेवा-कार्य के लिए मॉरीशस, फीजी, गुयाना, ट्रिनिडाड, वेस्टइंडीज आदि देशों में बँझा-बँझा कर भेजे जाने लगे।

दुर्दम आस्था और उच्च मनोबल के अलावा विदेशों की धरती पर गिरमिटियों की धार्मिक धाती ही क्या थी? कथा-कीर्तन को कौन कहे, अपने बाड़े में होली-दीवाली या ईद-मिलन पर इन्हें पाबंदी थी। अपने साथ में लाए हनुमान-चालीसा, रामचरितमानस के गुटकों, मुखस्थ भजनों और श्लोकों से उन्होंने अपने धर्म-संस्कृति, आचार-संस्कार को अक्षय रखा। आज इन देशों में सुंदर-सुंदर मंदिर हैं; सांस्कृतिक-साहित्यिक संगठन हैं। प्रचार-माध्यमों से संस्कृति को अक्षुण्ण रखने के प्रयत्न हैं, सभा और संगोष्ठियों के द्वारा आध्यात्मिक बिंदुओं को उजागर किया जाता है। ये देश हमारे सांस्कृतिक केंद्र हैं। यहाँ भारतीय नृत्य-गीत, सिनेमा और नाटकों का मंचन किया जाता है, यज्ञानुष्ठान, व्रतोत्सव और संस्कारों द्वारा परंपराओं को बनाए रखा जाता है।

प्रव्रजन का दूसरा दौर तब शुरू हुआ, जब अफ्रीकन और कैनेडियन रेलवे के निर्माण में दक्ष मजदूरों और व्यावसायिक लोगों की माँग बढ़ी। पंजाब, गुजरात एवं देश के अन्य भागों से पर्याप्त लोग केन्या, युगांडा, दारूसलेम आदि पूर्वी अफ्रीका के देशों में और दक्षिण अफ्रीका गए। वहाँ के विकास और आर्थिक उन्नयन में सहयोग तो किया ही, व्यावसायिक और व्यापारिक क्षेत्रों में भी अपना प्रमुख स्थान बना लिया। कई वकील, इंजीनियर, चिकित्सक, व्यापारी और राजनेताओं ने ख्याति प्राप्त की। इसी

समय पंजाब के कुछ लोगों ने कनाडा और अमेरिका के कैलीफोर्निया राज्य के फलोद्योग और कृषि क्षेत्र में भी प्रवेश किया। इसी अनुपात में अफ्रीका और अमेरिका में भी हमारी संस्कृति फूलने-फलने लगी। लोग जहाँ गए, वहीं रच-बस गए। अपनी भारतीयता, अपना संस्कार इन्होंने नहीं छोड़ा। इन स्थानों पर बड़े-बड़े मंदिर-देवालय और आस्था के केंद्र उठ खड़े हुए। अच्छे-अच्छे ज्योतिषी-कर्मकांडी, पंडित-पुजारी और धर्म-प्रचारक प्रकाश में आए। समय-समय से भारत से आनेवाले विद्वानों ने नए परिवेश और भारतीयता के समन्वय की बात बताई।

सन् 1893 ई. के शिकागो के विश्व धर्म सम्मेलन में विवेकानंद का प्रवेश और अभिभाषण एक क्रांतिकारी घटना थी। वस्तुतः ईसाइयत के कुछ ठेकेदारों ने यह सम्मेलन बुलाया था। उनका इरादा था, क्रिश्चियनिटी को विश्व का श्रेष्ठ धर्म घोषित कराया जाए। दूसरे धर्मों के प्रतिनिधि भी वहाँ उपस्थित थे, किंतु हिंदुत्व के प्रतिनिधि पूर्व के इस यशस्वी संन्यासी ने पूरे सम्मेलन को हिलाकर रख दिया। उन ठेकेदारों के इरादों पर पानी फेर दिया। विवेकानंद ने बताया, 'हम पापी नहीं अमृत पुत्र हैं—विधाता की संतान। और विधाता की संतान पापी कैसे हो सकती है?' दुनिया जब उदरभरण के लिए यायावर की तरह फल और मांसाहार जुटाने में व्यस्त थी, हमारे ऋषियों ने उस समय उद्घोष किया—

वेदाहमेतं पुरुषं महान्तमादित्यवर्णं तमसः परस्तात्।
तमेव विदित्वाति मृत्युमेति नान्यः पन्था विद्यतेऽयनाय॥ यजु. 31/18

अंधकार के परे उस आदित्यवर्ण पुरुष (परमात्मा) को हम जान गए; जिन्हें जाने बिना जन्म-मृत्यु के भय को पार नहीं किया जा सकता।

स्वामीजी ने सार्वभौम धार्मिक सच्चाई की बात की, धार्मिक-सहिष्णुता में विश्वास जताया, सभी धर्मों को सच मना। इन्होंने पुस्तकीय ज्ञान और वैदिक उद्धरणों पर नहीं बल्कि प्रत्यक्ष अनुभूतियों पर जोर दिया। सम्मेलन में व्यक्त विचारों में इनके मास्टर की अनुभूतियाँ गूँजती रहीं। वेदांत का

व्यावहारिक पक्ष नए कलेवर में सामने आया।

शिकागो के धर्म संसद में स्वामीजी का प्रभावशाली व्यक्तित्व, उनकी समृद्ध भाषा और पश्चिमी जगत् के लिए उनके महिम्न संदेश नितांत प्रभावशाली रहे। ये वर्षों तक घूम-घूम यूरोप और अमेरिका में वेदांत का संदेश देते रहे। इनकी सभाओं में अपूर्व सम्मोहन और आकर्षण था। कई अमेरिकन इनके शिष्य और सहयोगी हो गए। यूरोप और अमेरिका में स्थापित आपके आश्रम आज भी वेदांत का प्रकाश फैला रहे हैं।

सांस्कृतिक विनिमय के क्रम में प्राप्त साक्ष्यों के आधार पर एक युवक कारोमंडल तट से इंग्लैंड लाया गया। वह युवक प्रथम भारतीय था, जिसे अनेक संभ्रांत लोगों की उपस्थिति में 1616 ई. में बैपटाइज किया गया तथा किंग जेम्स प्रथम ने उसे पीटर नाम दिया। वह भारत से लाया गया, इस तरह का पहला फल था।

ईस्ट इंडिया कंपनी का पहला गवर्नर जनरल लॉर्ड क्लाइव शाम को कलकत्ता में अपने घर पर अध्धी-मलमल का कुर्त्ता-पायजामा पहने पान खाता था, हुक्का पीता था और तवायफ नचाता था। क्लाइव, हेस्टिंग्स एवं कंपनी के अन्य अवकाश प्राप्त गवर्नर अपनी किस्मत बनाकर जब भारत से लौटे तो अपने साथ अनेक नौकर-चाकरों के साथ अतुलित धन-संपदा, कला-कृति, वेश-भूषा, खान-पान की आदत, घर-मकान बनाने के तौर-तरीके और रहन-सहन भी लेते गए। 18वीं सदी में भारत के पैसे से अनेक भव्य-भवन लंदन में बन खड़े हुए। भारत से लौटे नए रईसों और नवाबों ने जार्जियन ब्रिटेन में उन्मुक्त भारत को ला दिया। भारतीय शैली के पोर्टिको और बरामदा वाले मकान बनवाए। 1784 ई. तक चेल्टेनहैम और एडिनबरा में भारत से लौटे बहुत से लोग बस गए थे। भारतीय तरीके का 'करी-राइस' यहाँ का प्रिय और सुस्वाद भोजन बन गया था। एक विधवा सराह शेड जो 'करी' बनाने में लंदन में दक्ष और स्वीकृत हो गई थी, ने कई वर्षों तक 'करी' बनाकर अपना काम चलाया।

पटने का शेख दीन मुहम्मद सेना में सूबेदार की नौकरी छोड़कर कैप्टन बेकर के साथ 1782 ई. में आकर आयरलैंड में बस गया था, यहीं शादी की थी। वह पहला भारतीय इंतरपनुअर था। 1810 ई. में उसने हिंदुस्तान कॉफी हाउस खोला, जहाँ हिंदुस्तानी खाना के साथ हिंदुस्तानी हुक्का और तंबाकू भी पेश किया जाता था। बड़ी भीड़ होती थी। इसके पूर्व 1801 ई. में शेख दीन मुहम्मद ने ब्राइटन में भारतीय ढंग का वाष्प स्नान चलाया था। अनेक अमीरों के अलावा किंग जॉर्ज चतुर्थ भी दर्द से छुटकारा पाने वहाँ आया करते थे।

इसी समय हिंदुस्तानियों द्वारा लिखित पर्याप्त यात्रा साहित्य भी सामने आया।

आगरे का क्लर्क अब्दुल करीम महारानी विक्टोरिया के जुबली सेलिब्रेशन में भाग लेने आया था। समय से रानी ने उसे भारतीय मामलों का सलाहकार बनाया।

एक बंगाली सज्जन बी. बोस और लखनऊ के अजीज अहमद ब्रिटेन में लश्कर का मिशनरी की ओर से काम देखते थे।

नासिक में जन्मी कार्नेलिया सोराबजी का नाम बड़े आदर के साथ लिया जाना चाहिए। वह 1889 ई. में उच्च शिक्षा के लिए इंग्लैंड आई थी। ब्रिटिश विश्वविद्यालयों से कानून की डिग्री पानेवाली वह पहली महिला थी। महिला होने के नाते कानून के अध्ययन में इन्हें अनेक परेशानियों का सामना करना पड़ा। परीक्षक ने एक महिला परीक्षार्थी के उत्तर पत्रों का मूल्यांकन करने से इनकार कर दिया। बार के इनरौलमेंट में दिक्कतें आईं। मान्य उच्च न्यायालय कलकत्ता में आपने बार ज्वाइन किया।

डॉ. चुन्नी लाल कटियाल ब्रिटेन में पहले एशियन मेयर थे। 1938 ई. में सर्वसम्मति से वह फिन्सबरी के मेयर चुने गए थे। दादा भाई नौरोजी ब्रिटिश संसद् में पहले भारतीय सांसद थे। ब्रिटिश संसद् में वर्षों तक इनका भारतीय राष्ट्रीय स्वर गूँजता रहा।

इंग्लैंड में पढ़ने के लिए छात्र पहले-पहल 1845 ई. में आए, उनकी संख्या 100 तक पहुँचते-पहुँचते 35 वर्ष लग गए; 1931 में भारतीय छात्रों की संख्या 1800 थी। तब से अब तक प्रतिवर्ष कानून, मेडिसिन, इंजीनियरिंग, आई. टी., मैनेजमेंट और व्यावसायिकता के अध्ययन के लिए हजारों छात्र इंग्लैंड आते हैं। प्राध्यापक, प्राविधिक, डॉक्टर, इंजीनियर और प्रशिणार्थियों के आवागमन का यह क्रम निरंतर जारी रहा है।

एलाएड शक्तियाँ द्वितीय विश्व युद्ध तो जीत गईं मगर क्षत-विक्षत ब्रिटेन का घाव जल्दी नहीं भर सका, बहुत दिनों तक हरा रहा। कोलनियाँ बालू की रेत की तरह धीरे-धीरे मुट्ठी से निकल गईं। देश का बुरा हाल था। खाने को अन्न नहीं, जलाने को कोयला नहीं, पानी का संकट था। अन्य आवश्यक वस्तुओं पर राशनिंग और बिजली का कट हो रहा था। राष्ट्रीय अर्थव्यवस्था के पुनर्निर्माण और वितरण प्रणाली के पुनर्गठन की आवश्यकता थी। जान-माल की इतनी क्षति हुई थी कि बाहर से लोगों को बुलाए बिना पुनर्रचना का काम कठिन था।

भारत की स्थिति कम गंभीर नहीं थी। अभी-अभी आजादी मिली थी। पाकिस्तान का सीमांकन अनहोनी घटना थी। इसके लिए दोनों तरफ देश तैयार नहीं था। इतिहास के सबसे बड़े एक्सोडस—एक जगह से दूसरी जगह जाने की सामूहिक घटना हुई। खून की नदियाँ बह चलीं। स्त्रियाँ विधवा हो गईं, माताओं की गोद सूनी हो गईं, लोग अपने घरों-परिवारों से हाथ धो बैठे। आगे की स्थिति और भयंकर थी। उदरपूर्ति और संभरण तक की समस्या गंभीर थी।

इंग्लैंड की आर्थिक पुनर्रचना में हिस्सेदारी का बुलावा मिलते ही हिंदुस्तान, पाकिस्तान और बांग्लादेश (उस समय पूर्वी पाकिस्तान) से डॉक्टरों, इंजीनियरों, प्राविधिकों, टेक्निशियनों और मजदूरों का काफिला चल पड़ा।

यही बात इस उपमहादेश से अमेरिकन आव्रजन की भी थी। इन

दोनों देशों की आर्थिक संरचना और राजनीति में उपमहादेश के लोगों की भूमिका अहम् है।

अब तक भारतीय मूल के लोग अफ्रीका के सामाजिक, आर्थिक, राजनीतिक जीवन में महत्त्वपूर्ण स्थान बना चुके थे। सभी क्षेत्रों में उनकी भूमिका और प्रभाव प्रमुख हो चुका था। स्वतंत्रता और स्वायत्तता के अफ्रीकी आंदोलन ने भारतीयों को वहाँ से उखाड़ फेंकने की ठान ली। केनिया, यूगांडा, दारूसलेम आदि पूर्वी अफ्रीका के देशों में बसे भारतीयों के सामने भागने और देश छोड़ने की विकराल समस्या उठ खड़ी हुई। इन्होंने त्राण के लिए भारत सरकार से गुहार लगाई। इनमें बहुत से लोग ब्रिटिश नागरिक थे। भारत सरकार ने जिम्मेदारी नहीं ली। कुछ लोग व्यवसाय के इच्छुक भारत गए, मगर लालफीताशाही और ऑफिसर तंत्र से क्षुब्ध हो निराश लौट आए। तत्कालीन ब्रिटिश गृह सचिव ने उन्हें वापस लेना अपनी नैतिक जिम्मेदारी मानी। जो लोग उन देशों से आए, प्रबंधन कौशल के साथ अतुलित संपदा भी साथ लाए। इनके योगदान से ब्रिटेन की अर्थव्यवस्था एकाएक 'बूम' कर गई। ब्रिटेन के भारतीयों का पलड़ा कुछ भारी हुआ।

पूर्वी अफ्रीका से आए भारतवंशियों के आने से इंग्लैंड में रहनेवाले भारतीयों की जीवन शैली में गुणात्मक परिवर्तन हुए। अब तक यहाँ के अधिकांश भारतीय वकालत, मेडिसिन या अन्य प्राविधिक विषयों में डिग्री प्राप्त कर या धनार्जन कर स्वदेश लौटना पसंद करते थे। कोई-कोई विवाह कर यहाँ रहना-बसना चाहते थे। अब पंजाब और गुजरात के लोग गाँव के गाँव यहाँ हो गए। अतः मकान खरीदने, व्यवसाय-उद्योग में घुसने और यहीं शादी-विवाह करके रहने-बसने की प्रवृत्ति बढ़ी। धार्मिकता और धार्मिक अनुष्ठान भी अधिक होने लगे। अनेक मंदिर, गुरुद्वारे और मसजिदें उठ खड़ी हुई।

बीसवीं सदी के ब्रिटेन में उदारता का यह उदाहरण सामने आया कि जो चर्चें बंद पड़ी थीं, वह धार्मिक सदुपयोग के लिए अन्य धर्मावलंबियों

के हाथों बेच दी गईं। अधिकांश मंदिर, गुरुद्वारे और मसजिदें ऐसी ही जगहों पर बने हैं। श्रीराम मंदिर, विश्व हिंदू मंदिर, हरे कृष्ण मंदिर, वल्लभ निधि मंदिर, दुर्गा मंदिर, भारत माता मंदिर, गीता भवन मंदिर, बालाजी मंदिर, अक्षरधाम मंदिर, राधा कृष्ण मंदिर, गुरु सिंह सभा आदि अनेक गुरुद्वारे और मसजिदें यहाँ के दर्शनीय स्थान हैं।

ब्रिटेन के धार्मिक संस्थान मात्र आस्था के ही केंद्र नहीं हैं, जहाँ श्रद्धा सुमन अर्पण करके भक्ति और नमन किया जाता है। कुछ देखा-देखी, कुछ यहाँ की आवश्यकता, ये संस्थान सांस्कृतिक जीवन के हृदय-स्थल हैं, जहाँ से हर तरह की सामाजिक-सांस्कृतिक जीवन की धड़कन महसूस की जाती है। धार्मिक भजनों, प्रवचनों और धर्म ग्रंथों के पाठों और व्याख्यानों के आयोजन होते हैं, ताकि सामान्य जन उद्‌बुद्ध हो सकें। लंगर और सामूहिक भोज आवश्यक कार्यक्रम है।

पहले आत्मद्रष्टा और सिद्ध पुरुष जन-रव से अलग पहाड़ों और वनों की ओर भागते थे; अब किसी भी सिद्ध महात्मा, वक्ता, परिव्राजक या प्रवचन कर्ता, संगीतज्ञ या भजनानंदी की सफलता साबित नहीं होती, जब तक उस पर रेडियो, टी.वी. या विदेश यात्रा की मुहर नहीं लगती। आए दिन सफल चलचित्रों में लंदन और स्विट्‌जरलैंड का दृश्य होना ही चाहिए। प्रतिदिन ऐसे तमाम 'मुहराकांक्षी' आया करते हैं। माता का जागरण करने और 'भेंटा' गानेवाले भी आते हैं। मंतर-तंतर और भविष्य जाननेवाले भी कम नहीं आते। सबकी अंतर्धारा आर्थिकता है।

ब्रिटेन की समाज रचना में 6.9 प्रतिशत-43,00,000 ब्रिटिश एशियन है, जिनमें 3.7% लोग-25,53,411 भारतीय मूल के हैं। भारत से आनेवालों में 56% हिंदू हैं, पर अन्य देशों से आनेवालों में मुसलमानों की संख्या ज्यादा है।

ब्रिटेन की चिकित्सा सेवा 70 प्रतिशत एशियन लोगों पर है। स्टेशनों पर और नुक्कड़ सोपों पर गुजरातियों की हिस्सेदारी ज्यादा है। लौह उद्योग,

चाय, होटलियरिंग, अन्य व्यवसायों में भारतीयों की महत्त्वपूर्ण भूमिका है। स्कूलों और विश्वविद्यालयों में हमारे छात्रों की उपलब्धि सर्वोच्च है। विधि, बैंकिंग, पत्रकारिता और प्रशासनिक कार्यों में किसी से कम नहीं। सूचना प्रविधि और आउट सोर्सिंग में हमारा लोहा सभी मानते हैं। जन प्रतिनिधित्व में भारतीय बहुल कौंसिलों (म्युनिसपैल्टियों) में कौंसिलरों के साथ-साथ कई भारतीय मेयर भी हैं या रह चुके हैं। ब्रिटिश संसद के दोनों सदनों में कई भारतीय हाउस ऑफ कॉमन्स तथा हाउस ऑफ लॉर्ड्स के एम.पी. तथा मंत्री भी हैं। प्रतिवर्ष बँटनेवाले अलंकरणों को पानेवालों में भी हमारी संख्या कम नहीं है।

फीजी वर्षों तक हॉलैंड का उपनिवेश रहा है। स्वतंत्रा प्राप्ति के बाद हजारों फीजियन हॉलैंड में बस गए हैं। भारतीय संस्कृति खासकर भोजपुरी कल्चर हॉलैंड में सर्वत्र दिखता है। रामायण पाठ, फगुआ, चैता वहाँ के गीत बन गए हैं। भारतीय सिनेमा का भी खूब प्रचार है।

पूर्वी एशिया के जावा, सुमात्रा, बोर्नियों आदि स्थानों में हमारी संस्कृति की जड़े गहरी हैं। सिंध के विस्थापितों की बड़ी संख्या हांगकांग, सिंगापुर आदि क्षेत्रों में है। तमिल भी कम नहीं। उद्योग-व्यवसाय और प्रत्येक आर्थिक पहलुओं पर इनकी पकड़ मजबूत है। सुंदर-सुंदर मंदिर भी बने हैं। हर तरह के धार्मिक और सांस्कृतिक अनुष्ठानों का आयोजन होता है। भारतीय भोजन और व्यंजन सर्वत्र उपलब्ध हैं। आजादी की लड़ाई के समय नेताजी सुभाष चंद्र बोस ने सिंगापुर में भारत की निर्वासित सरकार और आजाद हिंद फौज की स्थापना ही कर डाली थी।

बर्मा में अनेकों भारतीय वहाँ के जीवन में एकाकार हो गए हैं, जाने-अनजाने भारत की याद उनसे भूलती नहीं।

श्रीलंका के रबर उद्योग ने तमिल युवकों को आकृष्ट किया। यों सिंहली भी किंग महेंद्र के साथ गए भारतीय मूल के ही हैं, किंतु तमिलों की विशाल संख्या आज अपनी संस्कृति और मूल्यों के संरक्षण को लेकर

पृथक् व्यवस्था की माँग करने लगी है। अहिंसा भयंकर पैर पसार चुकी है।

बीसवीं सदी के उत्तरार्द्ध में कई धार्मिक सांस्कृतिक संगठन देश के भीतर और बाहर व्यापक रूप में उभरकर सामने आए। यूरोप, अमेरिका या दुनिया के अन्य देशों में आज अपने संगठनों की शाखाएँ या केंद्र खोलने की होड़ सी मची है। ज्योतिष-जंत्री या भविष्य को जानने और धनैश्वर्य पाने की दुर्दमित लालसा तेज हो गई है। ब्रह्मकुमारी, जलाराम, स्वामीनारायण, दयालबाग, शिरडी साईं, साईं बाबा पट्‌टीपुरम, रामकृष्णमिशन तथा अद्वैत आश्रम के प्रचार और कार्य तेज हो गए हैं। सातवें दशक में बाल योगेश्वर, महेश योगी रजनीश, धीरेंद्र ब्रह्मचारी आदि विश्व व्यापी व्यक्तित्व सामने आए। भारत संत, महात्मा और साधकों का देश है, ऋषियों की तपोभूमि है। आज भी अनेक साधक और सिद्ध समाज को उद्‌बुद्ध कर रहे हैं। ऋषियों का अवतार हुआ है, योग की प्रतिष्ठा हो रही है।

प्रचारक-परिव्राजक, साधक-संन्यासी विवेकानंद के बाद भी विदेशों में आते जाते रहे हैं। किंतु इनमें सबसे ज्यादा धमाकेदार इंट्री श्रीमद् ए.सी. भक्ति वेदांत स्वामी प्रभुपाद की रही, जो 1965 ई. में पानी के जहाज से न्यूयार्क पहुँचे थे और बिलकुल खाली हाथ थे। गुरु के आदेश से पश्चिमी देशों में श्रीकृष्ण भावनामृत का संदेश देने आए थे। बहुत कष्ट से एक साल गुजारने के बाद विदेश की धरती पर आपने 1966 ई. में अंतरर्राष्ट्रीय श्रीकृष्ण भावनामृत संघ की स्थापना की। संघ के सदस्यों के लिए नीचे लिखे विधि-निषेधों का पालन जरूरी है—

1. 108 मनकों की तुलसी की माला पर 16 माला हरे कृष्ण महामंत्र का प्रतिदिन जाप।

   महामंत्र—हरे कृष्ण हरे कृष्ण, कृष्ण-कृष्ण हरे-हरे

   हरे राम हरे राम, राम-राम हरे-हरे

2. नशा निषेध— चाय, कॉफी, तंबाकू, गाँजा, भाँग, शराब आदि

नशीले पदार्थों का त्याग

3. अभक्ष्य निषेध—मांस, मछली, अंडा, प्याज, लहसुन आदि तामसिक भोज्यों का त्याग
4. द्यूत निषेध—जुआ, सट्टा आदि का त्याग
5. परस्त्री गमन निषेध—वैवाहिक दांपत्य के अतिरिक्त अन्य यौन- संबंध निषिद्ध

साथ ही श्रीमद् भगवद्गीता और भागवत के प्रति अनन्य श्रद्धा। गीता जीवन में उदास और हताश लोगों में उत्साह, प्रेरणा और कर्मठता भरती है और भागवत की लीला-कथाएँ भक्तों को सुख-विभोर कर देती हैं।

स्वामी प्रभुपाद जब अमेरिका पहुँचे तो अमेरिकी युवकों में हिप्पी दर्शन उतार पर था। भौतिक समृद्धि से वे ऊब चुके थे। अटपटी जीवन शैली, मुक्त संपर्क, ड्रग और नशा खोरी उन्हें आत्मिक शांति न दे सकी। वे किसी लोकोत्तर सत्य की तलाश में थे, जो उन्हें सुख-विभोर कर सके, संसार के तुमुल कोलाहल कलह में एकांत दे सके और दे सके आत्मा का अनंत विस्तार।

स्वामी प्रभुपाद मृदंग बजाने में बहुत दक्ष थे। मृदंग की थाप और हरे कृष्ण संकीर्तन पर अपने तो विभोर होते ही थे, समूचा पास-पड़ोस और परिवेश इन्हीं में समा जाता था, अक्षय शांति पाता था। कुछ हिप्पी इनके शिष्य हो गए। उस संस्कृति ने हरे कृष्ण आंदोलन को हाथो हाथ उठा लिया, क्योंकि उसमें मन की शांति थी, भटकों को मार्गदर्शन था, ज्यों-ज्यों श्याम रंग में डूबना था, त्यों-त्यों उज्ज्वल होना था।

1967 में सानफ्रांसिसको, मांट्रियाल, बोस्टन में राधा-कृष्ण मंदिर बने। 1968 में लास-एंजिल, डेट्रोइट तथा फिलडेल्फिया आदि नगरों में भी मंदिरों की स्थापनाएँ हुईं। अमेरिका, यूरोप, एशिया, अफ्रीका, ऑस्ट्रेलिया के देशों में सैकड़ों मंदिर बने हैं। कृष्ण भावनामृत के प्रचारार्थ स्वामी प्रभुपाद ने दस वर्षों में विश्व का चौदह बार भ्रमण किया।

बचपन से ही चैतन्य महाप्रभु के उपदेशों के प्रति इन्हें आकर्षण था, उन्हें गाँव-गाँव, घर-घर तक स्वामी प्रभुपाद को पहुँचाना था। गौड़ीया वैष्णव मठ के प्रसिद्ध वैष्णव विद्वान् भक्ति सिद्धांत सरस्वती ठाकुर से इन्होंने दीक्षा ली थी, गुरुदेव ने इन्हें पाश्चात्य जगत् में कृष्ण भावनामृत के प्रचार का आदेश दिया था।

स्वामी प्रभुपाद के मन में वैदिक संस्थानों और मूल्यों के प्रति बड़ा लगाव था। इन्होंने पूर्ण कृष्ण भावना भावित भक्त तैयार करने के लिए दुनिया के विभिन्न भागों में गुरुकुलों की स्थापना की। हैदराबाद में एक वृहद् कृषि योजना प्रारंभ की। बंबई में विशाल वैदिक शिक्षा और संस्कृति केंद्र खुलवाए, वृंदावन में भव्य मंदिर और अतिथि गृह बनवाया (श्री धाम मायापुर में पूरा वर्णाश्रम नगर बनाने की योजना है)। प्रसिद्ध पॉप गायक जॉर्ज हैरीसन इनके परम भक्त थे। लंदन के पास वटफोर्ड में उन्होंने अपना विस्तृत भवन इस्कॉन (अ. श्रीकृष्ण भावनामृत संघ) को दान कर दिया, जहाँ राधा-कृष्ण का भव्य मंदिर तो है ही, जो अपने अध्यात्म प्रकाश और श्रीकृष्ण भावनामृत से पूरे यूरोप को आलोकित कर रहा है।

बीसवीं सदी के आखिरी चौथे अंश के आते-आते लगा, हम अपने ही घर में बेगाने हो गए। कैसे स्वतंत्र भारत की क़ल्पना की गई थी और यह कैसा बन गया—रचयामास विनायक। आजादी का त्योहार, सांस्कृतिक कार्यक्रम, रचनात्मक कार्य देखते-देख़ते गायब हो गए। असंतोष, लोभ और पर द्रव्याकर्षण ने हमें कहीं का नहीं छोड़ा। आम आदमी जिसके नाम पर इतनी कसीदाकारी हुई, बदनाम बनकर रह गया।

गाँव सदा से हमारी गतिविधि के केंद्र रहे हैं, कर्म भूमि रहे हैं। आजादी के बाद गाँवों की भरपूर उपेक्षा हुई है। कृषि और खाद्यान्न के सारे सब्सिडीज बिचौलिए खा गए। विकास की राशि ठेकेदार और अधिकारी बंदर-बाँट कर गए। न रोटी, न कपड़ा, न मकान, न शिक्षा, न स्वास्थ्य—कोई भी सुविधा गाँववालों को न मिली। सदी के अंत तक गाँवों का युवा

वर्ग—कार्य-शक्ति, शहरों को दौड़ गई। गाँव उजड़ गए, शहर बदसूरत हुए। सामाजिकता पूर्णतः निर्मूल हो गई। व्यक्ति आत्म केंद्रित हो गए। संयुक्त परिवार संयुक्त घर-मकान बड़ी तेजी से टूट रहे हैं। भूमि का स्वामित्व और शक्ति के केंद्र बदल रहे हैं।

हम संस्कृति के क्रॉस रोड पर खड़े हैं। अंतरराष्ट्रीयता राष्ट्रीय भाव को निगल गई है। खान-पान, पहनावा एवं शिक्षा में दृष्टिकोण बदल गया है। भारतीय व्यंजनों की जगह छोटी जगहों पर भी चौमिन, चायनीज पास्ता बिकने लगे हैं। बड़े शहरों में पीजा, बर्गर, क्रीस्प आदि अंतरदेशीय खाद्यों की भरमार है। घर का खाना अरुचिकर होने लगा है, दो-चार दिन बाद बड़े-बड़े होटलों-रेस्टोरेंटो में स्वाद बदलना जरूरी है।

हमारे परिधान तेजी से बदल रहे हैं। नहीं, सिमट रहे हैं। कम, छोटे, पारदर्शी और फटे डिजायनों के कपड़े अधिक लोकप्रिय हो रहे हैं। 'सारी विच नारी है या नारी विच सारी है'—खोज का असली जमाना आ गया। देशी फिल्में विदेशी फिल्मों को नग्नता में मात दे रही हैं। इन्हें अश्लील क्यों कहें? लोक रुचि यही है, जमाने की माँग यही है। विश्वस्तरीयता प्राप्त करनी है।

1955 के आस-पास समाचार पत्रों में एक विवाद उठा था—आजादी के बाद धोती का प्रचलन बढ़ा है या घटा है। उस समय भले ही उत्तर संदिग्ध हो, आज स्पष्टतः धोती गायब है। जब धोती ही गायब, तब कुर्ते की क्या जरूरत? नहीं, पायजामे के साथ कुर्ता साहब दिख जाते हैं।

उन्नीसवीं सदी के अंत में राष्ट्रीयता तेज थी। हिंदी और देशी भाषाओं पर जोर था। राष्ट्रीय आंदोलन और आर्य समाज के प्रयत्नों से देश के अहिंदी क्षेत्रों में भी हिंदी स्कूल खुल रहे थे। बीसवीं सदी के अंतिम चरण आते-आते शिक्षा का हिंदी माध्यम बेहाल हो गया। गुलामी के दिनों में भी अंग्रेजी का इतना प्रसार नहीं था, जितना इन दिनों हो गया। शहरों के सभी अच्छे स्कूलों ने अंग्रेजी माध्यम अपना लिया। शहरों की कौन कहे, गाँव-

गाँव अंग्रेजी मीडियम के प्राथमिक विद्यालय चलने लगे, भले ही शिक्षक को शुद्ध उच्चारण का ज्ञान न हो। भक्त तुलसी विद्यालय में नामांकन की भीड़ न हो, लेकिन सेंट तुलसी विद्यालय में भीड़ लग जाएगी।

सरकारी शिक्षा फेल कर गई है। अनियंत्रित निजी शिक्षालयों की बाढ़ आ गई। देश की शिक्षा मंत्रियों और नौकरशाहों के लिए प्रयोग का क्षेत्र बनकर रह गई है। आर्थिक रूप से कमजोर वर्गों के लिए यह मुक्ति जैसी दुर्लभ पदार्थ बन गई है।

शिक्षा संस्थानों के प्रबंधनों में सामान्य नागरिक की भागीदारी का अभाव, अधिकारियों की मिली-भगत और मनमानी से शिक्षण संस्थानों में गुणात्मक ह्रास हुआ है।

एक जमाना था, कहा जाता था, जो जाए बदरी, वो न आए उदरी अथवा सब तीरथ बार-बार, गंगा सागर एक बार। वस्तुतः इन उक्तियों में दुर्गम और लंबी यात्राओं के कष्ट व्यक्त हैं। उन दिनों न रेलगाड़ी थी, न बस, न एयर सेवाएँ। कल्पना कीजिए, कितना कष्ट साध्य होता होगा। बद्री, गंगा सागर या रामेश्वरम् की यात्रा। आज तीर्थ यात्रा आसान हो गई है—मात्र पर्यटन। इससे आध्यात्मिकता में निश्चित रूप से हलकापन आया है। सांप्रदायिकता बढ़ी है, भीड़ बढ़ी है, पर है कहीं कुछ रिक्तता।

सड़कों के किनारे बजरंग बली के कितने छोटे-बड़े मंदिर बने हैं? मुंबई के गणपति स्थापन-विसर्जन, कोलकाता की दुर्गापूजा, उत्तर भारत में रावण-दहन और रामलीला पर कितना व्यय होता है? कैसे आते हैं? क्या लक्ष्य के लिए जरिए का विचार जरूरी नहीं है। हम अध्यात्म ढूँढ़ रहे हैं।

सावन के महीने में भोलेनाथ पर चढ़ाने के लिए गंगाजल लाते काँवरिया दूसरों का मार्ग अवरुद्ध कर देते हैं, छोटी-मोटी बातों पर हिंसा भड़क उठती है। रास्ते में रुक-रुक अंग्रेजी धुन पर डांस कर भक्ति को अंतरराष्ट्रीय रूप देते हैं, 'गनेश की मम्मी जरा भंगिया बना दे' गीत बजाते हैं—यह धार्मिक उन्माद नहीं तो और क्या है? भगवा रंग के दो अंडर वियर, दो

गंजी, दो गमछे, अलंकृत काँवर क्या रंगदार फैशन है? और निकल पड़े हैं जल ढालने। यह देखा-देखी है, मात्र दिखावा। क्या है नियंत्रण और इसका संतुलन?

श्रीमद् भागवत में आया है, सत्ययुग, त्रेता और द्वापर में भारी तप, तपस्या, ध्यान और योग से जो आध्यात्मिक सफलता दुर्लभ होती है, वह बड़ी आसानी से, मात्र हरिनाम संकीर्तन से कलियुग में मिल जाती है। देवता भी कलियुग में मोक्ष का द्वार मनुष्य योनि में जन्म लेना चाहते हैं। ऐसा हो क्यों नहीं? बात अक्षरशः सत्य है। अन्य युगों में न इतने तीर्थ थे और न मंदिर। कैसेटों, चैनलों और प्रवचनों का तो नाम ही नहीं था। बहुत हुआ, तो कभी मनोरम गोष्ठी चक्र बैठ गया। ऋषियों के सवाल-जवाब हो गए। आम आदमी को न फुरसत थी, न प्रवेश। कलियुग में अध्यात्म टके सेर बिक रहा है। कुछ चैनलों की धार्मिक प्रस्तुति प्रशंसनीय है, किंतु कुछ ने आस्था और संस्कार को व्यवसाय बना दिया है। क्या हमारी धार्मिक भूख इतनी बढ़ गई है?

कभी कुछ तीर्थ स्थानों पर मुक्ति की खेती होती थी, नगरियाँ मोक्षदायिनी थीं। अब उन नगरों में आश्रम बनते हैं, अन्न क्षेत्र चलते हैं। क्या सभी भूखे इन्हीं स्थानों में जमा हो गए हैं? एक ही स्थान में इतने आश्रमों की उपयोगिता क्या है, जब देश के विभिन्न भागों में भूखों मरने वालों की काफी संख्या है?

ये विचारोत्तेजक सांस्कृतिक बिंदु हैं। अध्यात्म की फसल उगाने वालों का यह भी दायित्व है कि जब तक गंगा मैली है, नदियों में मलबा बह रहा है, लोग भूखे, नंगे और चिकित्सा के लिए लाचार हैं, तब तक अध्यात्म का दाना पर्याप्त नहीं है। इस क्षेत्र में भी उन्हें ही संतुलन बनाना है।

□□□